KB267391

우리 둥글게 앉아요

평화로운 교실을 위한 열두 달 신뢰서클

윤서영 지음

평화로운 교실을 위한 열두 달 신뢰서클

우리 둥글게 앉아요

지은이	윤 서 영
초판발행	2026년 2월 12일
펴낸이	배용하
책임편집	배용하
편집디자인	최지우
등록	제2021-000004호
펴낸 곳	도서출판 비공 https://bigong.org ㅣ 페이스북: 평화책마을비공
등록한 곳	충청남도 논산시 가야곡면 매죽헌로1176번길 8-54
분류	갈등전환 ㅣ 신뢰서클 ㅣ 교육 공동체
편집부	전화 (041) 742-1424
영업부	전화 (041) 742-1424 · 전송 0303-0959-1424
ISBN	979-11-93272-55-8 13370

값 15,000원

우리
둥글게 앉아요

평화로운 교실을 위한 열두 달 신뢰서클

윤소영 지음

차례

3장 _ 교실 속 신뢰서클로의 초대

1. 학생 신뢰서클 월별 운영 사례

2. 학부모 신뢰서클 월별 운영 사례

1장
흔들리는 교육공동체

1장은 현장 교사로서 제가 평소 생활지도에 대해 가지고 있는 생각들을 시대적 측면, 법제적 측면, 관계적 측면으로 나누어 기술한 것입니다. 시대적 측면에서는 생활지도 변혁의 과도기를 살아가면서 실천적 전문가가 되어야 하는 교사의 어려운 상황을 이야기하였습니다. 법제적 측면에서는 학교폭력 법제의 한계를 짚어보고, 교육적 관점에서 폭력이 아닌 갈등으로 다룰 수 있는 문화가 확산되어야 함을 이야기하였습니다. 관계적 측면에서는 학부모와 교사의 갈등 사례들을 통해 학부모와 교사가 한 아이의 성장을 위한 교육과정에서 서로 협력해야 함을 이야기하였습니다.

생활지도 변혁의 과도기

생활지도 변혁의 과도기

우리는 지금 생활지도 변혁의 과도기에 서 있다. 과도기의 특징은 분명하다. 옛것은 더 이상 작동하지 않고, 새것도 아직 온전히 자리 잡지 못한다는 것이다. 생활지도 역시 마찬가지다. 과거의 처벌 중심 훈육은 이미 힘을 잃었지만, 새로운 생활교육 또한 아직 뚜렷한 성과를 보여주지 못하고 있다.

처벌 중심의 훈육이 더 이상 작동하지 않는 시대

처벌 중심의 훈육이 더 이상 통하지 않는다는 점은 대부분의 교사들이 공감하는 현실이다. 이는 요즘 학생들이 특별히 더 반항적이거나 무례해서가 아니다. 사회가 발전할수록 집단보다 개인의 가치가 중시되고, 자율성과 다양성, 서로 다름에 대한 존중이 핵심 가치로 부상하기 때문이다.

전통 사회에서 부모와 교사의 권위는 당연시되었지만, 오늘의 아이들은 권위적 지도를 당연하게 받아들이지 않는다. 그들은 스스로 생각하고, 이유를 묻고, 때로는 순종보다 대화를 선택한다. 이런 변화는 단지 학교의 문제가 아니라, 사회 전반의 인식 변화에서 비롯된 것이다.

낯선 공동체에서 드러나는 갈등

오늘날 초등학교에 입학하는 많은 아이들은 민주적인 가정 문화 속에서 자라났다. 가정에서 자신의 의견을 존중받고 자율적 선택을 경험했지만, 동시에 타인을 존중하고 관계 속에서 책임지는 법은 충분히 배우지 못했을 수도 있다. 이런 아이들이 학교라는 낯선 공동체 안에서 처음으로 다양한 또래 관계를 경험한다.

공동체는 본질적으로 갈등을 내포한다. 사회적으로 미성숙한 아이들의 충족되지 못한 감정과 욕구는 자연스레 문제 행동의 형태로 드러난다.

강압과 벌, 보상: 교사의 익숙한 대응

교사들은 이런 문제 행동에 대체로 강압·벌·보상으로 대응해왔다. 다인수 학급에서 바쁜 수업 일정 속에 즉각적인 해결이 필요하기 때문이다. 그러나 이런 방식은 사람보다 사건을, 맥락보다 결과를 우선하게 만든다.

외적 통제에 기반한 훈육은 일시적인 효과를 낼 수는 있지만, 아이의 내면적 동기를 약화시키고 도덕성 발달을 저해한다. 나아가 수치심과 반항심을 자극해 관계를 손상시키고, 장기적으로는 문제 행동을 심화시킬 위험도 크다.

훈육이 더 이상 통하지 않는 아이들

이제는 교사의 훈육과 통제 자체가 아이들에게 받아들여지지 않는 시대다. "왜요?"라고 이유를 묻는 학생, 귀를 막으며 "듣기 싫어요"라고 말하는 학생, "제가 화난 건 어떻게 하라구요?"라며 감정만을 앞세우는 학생……. 나 역시 이런 상황 속에서 수없이 에너지를 소진하며 좌절을 경험했다. 교사들은 이런 현실 속에서 자연스레 대안적인 생활지도 방안을 찾게 된다.

대안을 찾아서: 정답은 없다

오늘날 학교 현장에는 다양한 생활교육 사조가 등장했다. 회복적 생활교육관계중심 생활교육, 평화감수성 훈련, 학급긍정훈육법PDC, 사회정서학습SEL 등 새로운 시도들이 넘쳐난다. 이는 곧 새로운 길을 찾으려는 교사들의 절박한 고민과 사회적 요구의 반영이다. 하지만 이런 다양함은 동시에 정답 없음을 말해준다. 이제 우리는 사람을 대상으로 하는 교육에 단 하나의 정답이 존재할 수 없다는 사실을 받아들여야 한다.

실천적 전문가로 서기

생활지도 변혁의 과도기에 선 교사는 이제 지도의 범위를 넘어 생활교육의 시야로 확장해야 한다. 생활교육은 더 이상 문제 행동을 보이는 일부 학생만의 이야기가 아니다. 모든 학생과 교원, 학부모, 지역사회까지 포괄하는 관계 중심의 교육 실천으로 발전하고 있다. 따라서 교사는 다양한 이론과 방법을 이해하고, 현장에서 실천적으로 적용해보는 실험가이자 전문가가 되어야 한다. 상황에 따라 예방책과 해결책을 유연하게 제시할 수 있는 사람, 그것이 오늘날의 교사상이다.

이 책의 자리

이 책은 유행처럼 등장하는 생활교육 이론을 따라가려는 시도가 아니다. 오히려 한 교사가 자신만의 속도와 방식으로 생활교육의 길을 만들어 가는 이야기다. 완성형이 아니라 현재진행형의 기록, 회복적 생활교육 실천 사례이자, 다양한 생활교육 방법 중 하나의 현장적 변주다.

학교폭력 법제의 한계

학교폭력 심의 급증의 현실

2004년 제정된 학교폭력예방법은 20년 넘는 개정 과정을 거치며, 가해학생의 기록을 대학 입시에 반영하는 등 다양한 제도를 마련해왔다. 이 법은 분명 일정 부분 효과를 거두었다. 초등학교 1학년 아이들조차 "너 이거 학교폭력이야."라고 말할 만큼 학생들의 폭력 감수성은 높아졌다. 그러나 폭력에 대한 인식이 높아진 만큼, 학교폭력대책심의위원회의 심의 건수도 급격히 증가하고 있다. 2021년 15,653건 → 2022년 21,565건 → 2023년 23,579건[1]으로 매년 최고치를 경신했다. 이처럼 폭증하는 사안들로 인해 심의는 지연되고, 교육부 지침인 4주 내 처리가 지켜지지 않는 경우도 잦다.

맞신고와 소송으로 번지는 심의 결과

그렇다면 심의가 열리면 피해자는 만족스러운 결과를 얻을 수 있을까? 안타깝게도 그렇지 않다. 많은 피해자들은 가해자의 진심 어린 사과를 기대하며 신고하지만, 현실에서는 맞신고나 불복소송으로 이어지는 경우

---

1) 「지난해 학교폭력, 또 늘었다…11년만에 최고」 뉴스핌 2024.9.25자

가 많다. 푸른나무재단의 2024년 실태조사[2]에 따르면, 피해학생 보호자의 40.6%가 상대방으로부터 쌍방신고를 당했다고 응답했다. 학교폭력은 학생 간의 싸움을 넘어 보호자 간의 싸움으로 확대되고, 일부 변호사가 이런 대립을 조장하면서 오히려 피해자의 고통이 가중되는 양상이다.

드러나기 어려운 관계적 폭력의 증가

최근 학교폭력은 신체적·언어적 폭력보다 관계 중심의 폭력, 즉 '관계적 폭력'으로 변화하고 있다. 이는 직접적인 공격 대신, 소문 퍼뜨리기·이간질·집단 배제·편애 조작 등으로 타인의 자존감과 사회적 관계망을 무너뜨린다. 문제는 이런 폭력이 눈에 보이지 않는다는 것이다. 증거가 명확하지 않아 처벌 기준을 적용하기 어렵고, 피해자는 상처를 입어도 보호받기 힘들다. 결국 법과 규정으로만 다루기에는 너무 미묘하고 복합적인 폭력이 늘고 있는 셈이다.

법의 한계

너무 광범위한 규정

학교폭력예방법의 첫 번째 한계는 학교폭력의 범위가 지나치게 넓다는 점이다. 심각한 폭력 행위와 함께, 단순한 의견 충돌·무례한 말투·감정적 상처까지 모두 같은 잣대 안에 포함된다. 특히 초등학생의 경우, 상황에 따라 가해자와 피해자를 명확히 구분하기조차 어려운 경우가 많다. 이처럼 다양한 양상의 사건들을 동일한 법적 기준으로 판단하면, 교육적 판단의 여지가 사라지고, 사건의 본질도 흐려질 수밖에 없다.

---

2) BTF 푸른나무재단, 2024 전국 학교폭력 사이버폭력 실태조사 및 대책 발표
  https://blog.naver.com/bakbht/223523916946

기계적 절차와 교사의 무력감

두 번째 문제는 기계적인 처리 절차다. 교사는 학교폭력 사건을 인지하는 즉시 신고해야 하며, 미신고 시 직무유기로 처벌받을 수 있다. 사안을 조정하거나 대화를 시도하면 은폐로 오해받기 쉽다. 결국 교사는 교육적 관점보다 매뉴얼 중심의 행정 절차에 따라 움직일 수밖에 없다.

관계 회복이라는 교육의 본질

사건 발생 초기부터 학생들은 가해자·피해자로 분리되고, 서로의 이야기를 들을 기회조차 없다. 피해자는 충분히 감정을 표현하지 못하고, 가해자도 진심으로 반성할 시간을 갖지 못한다.

학교는 폭력을 단속하는 기관이 아니라, 관계와 사회성을 배우는 교육의 장이다. 폭력의 관점에서 벗어나, 갈등의 관점에서 접근해야 한다. 학생들이 서로를 이해하고 신뢰할 수 있는 관계망 속에 있을 때, 폭력은 자연스럽게 줄어든다. 아이에게는 단 한 명의 친구, 단 한 명의 믿을 수 있는 어른이 필요하다. 그 존재만으로도 학교생활은 훨씬 덜 외롭고, 훨씬 더 안전해질 수 있다.

교사는 변화의 공간을 만드는 사람

물론 교사가 모든 관계를 인위적으로 조정하거나, 모든 아이의 버팀목이 되는 것은 불가능하다. 그러나 "나는 이제 누구도 변화시킬 수 없다는 것을 알게 되었다. 다만 교사로서 변화의 공간을 만들어줄 수 있을 뿐이라는 것을 깨달았다."는 한 교사의 말처럼, 교사의 역할은 바로 그 공간을 창조하는 일이다. 학생 한 명 한 명을 직접 변화시킬 수는 없어도, 안전한 관계가 자라는 교실 환경을 만들 수 있다.

학교폭력을 법의 관점이 아닌 생활교육의 관점에서 바라본다면, 교사는 다시 재량과 교육적 판단의 주체로 설 수 있다. 그때 비로소 학교는 심의가 아니라 회복이 이루어지는 진정한 배움의 공간이 될 것이다.

학부모와 교사의 불편한 동거

교사-학부모 갈등

교육의 직접적인 대상은 학생이지만, 교사는 교육활동 속에서 학부모와도 긴밀한 관계를 맺는다. 학생의 배움과 생활을 지도하는 과정에서 교사는 학부모의 기대와 요구를 끊임없이 의식하게 된다. 특히 초등학교 저학년일수록 아이와 보호자 간의 밀착이 강해, 생활교육 과정에서 교사와 학부모 간 갈등의 가능성은 더 높아진다. 실제로 저학년 교실에서는 학부모의 다양한 요구가 제기되며, 때로는 교사가 대응하기 난감한 경우도 적지 않다.

갈등의 근본 원인

초등학교 1학년 학년부장을 맡아 교육과정평가회를 진행하던 시기, 동료 교사들과 함께 학부모의 말과 행동으로 인해 상처받았던 경험에 대해 이야기한 적이 있다. 감정적으로 미숙하거나 예의를 벗어난 사례를 제외하더라도, 교사와 학부모 간에는 생활지도에서 불협화음이 자주 일어난다. 그 근본 이유는 시각의 차이에 있다. 교사는 우리 반 전체 학생을 교육의 대상으로 보지만, 학부모는 내 자녀 한 사람을 보호와 돌봄의 대상으로 보기 때문이다.

불협화음이 빚어지는 사례

교사와 학부모 간의 불협화음은 다음과 같은 사례에서 잘 드러난다.

① 저는 누가 괴롭히면 똑같이 갚아주라고 가르칩니다.

② 저희 아이는 맞고만 있어야 하나요?

③ 왕따놀이(피하기 놀이)의 피해를 주장하는 학생도 이 놀이에 참여한 것 아닌가요?

④ (학생 갈등에 직접 개입하며) 우리 아이한테 이랬어? 왜 그랬어? 사과해.

⑤ (지도상의 어려움을 말했을 때) 우리 아이에 대해 얼마나 잘 아세요?

⑥ 집에서는 안 그래요. 다른 데서는 안 그래요.

⑦ 선생님 알고 계셨어요? 선생님은 어떻게 지도하셨어요?

⑧ 선생님이 너무 만만해서 그런 거 아닐까요? 좀 더 무섭게 해주세요.

⑨ 이런 문제는 학급 친구들 모두에게 지도해주세요.

⑩ 큰 아이 담임 선생님께서는 이렇게 하시던데요. 다른 반 담임 선생님께서는 이렇게 하시던데요.

잘못된 보호와 보복의 관점

①~④의 사례는 학생 간 갈등의 해결을 용서와 화해라는 교육적 관점이 아니라 보호와 보복의 관점에서 접근한 경우다. 교사와 부모가 상반된 메시지를 전하면 학생은 혼란을 느끼고, 결국 관계 회복은 더욱 어려워진다. 교실이라는 좁은 공간에서 특정 친구를 적대시하거나 외면하는 상황은 아이의 마음을 불안하게 만들 뿐이다.

존중과 신뢰의 부재

⑤~⑧의 사례는 학부모가 교사의 역할과 전문성을 인정하지 못하거나,

상호 신뢰 관계가 형성되지 않은 경우다. 가정에서 보이는 아이의 모습과 교실이라는 사회적 공간에서의 모습은 다를 수 있다. 교사와 학부모는 각각의 관찰과 경험을 바탕으로 대화하되, 서로의 시각과 역할을 존중해야 한다. 교사는 교육의 전문성을, 학부모는 자녀에 대한 이해를 바탕으로 협력할 때 비로소 올바른 방향을 찾을 수 있다.

지나친 수요자중심 교육의 그림자

⑨~⑩의 사례는 학부모의 과도한 기대와 요구에서 비롯된다. 한때 수요자 중심 교육이라는 말이 유행했지만, 그것이 교육의 본질을 왜곡하기도 했다. 학생과 학부모를 교육의 소비자로, 학교와 교사를 서비스 제공자로 보는 시각은 교육의 협력 구조를 무너뜨린다. 교육은 일방적인 요구와 공급의 관계가 아니라, 서로의 책임과 참여로 이루어져야 한다. 학부모와 학생은 요구할 권리가 있는 만큼, 함께 책임을 나누는 주체임을 인식해야 한다.

협력적 관계를 향하여

교육에서 학부모와 교사는 단절된 존재가 아니다. 한 아이의 성장을 위해 함께 머리를 맞대는 협력적 동반자이다. 유능한 교사라 하더라도, 자신의 자녀 문제 앞에서는 감정적으로 흔들리고 판단이 흐려질 수 있다. 부모가 되면 사랑에 눈이 멀거나 책임감에 짓눌려 객관적인 시선을 잃기 쉽기 때문이다.

한 아이의 온전한 성장을 위해 교사는 교육의 주체로, 학부모는 돌봄의 주체로서 서로의 역할을 존중하고 협력해야 한다. 진정한 교육은 아이를 중심에 두고, 교사와 학부모가 신뢰와 존중 속에서 함께 만들어 가는 공동의 과정이다.

회복적 생활교육은 교사의 통제가 아니라

학생들의 자율적 참여와 관계적 성장을

기반으로 하는 공동체적 생활교육이다.

회복적 생활교육은 교사의 통제가 아니라

학생들의 자율적 참여와 관계적 성장을

기반으로 하는 공동체적 생활교육이다.

2장
마음을 잇는
신뢰서클

2장은 회복적 생활교육의 근간이자 중요한 축이라고 생각하는 신뢰서클에 대해 살펴봅니다. 회복적 생활교육의 정의와 구조, 서클의 의미와 유래, 신뢰서클의 의미와 구성 요소에 대해서 관련된 이론들을 요약하여 기술하였습니다. 이론적인 내용이기는 하나, 회복적 생활교육을 시작한 계기와 같이 지극히 개인적인 이야기도 담겨 있습니다. 또한 신뢰서클을 운영한 경험들을 바탕으로 신뢰서클 운영 시 유념할 사항에 대해서 자세히 안내드리고자 하였습니다.

1. 회복적 생활교육을 시작한 계기

회복적 생활교육과의 첫 만남

한국에서 회복적 생활교육은 2000년대 중반 이후 본격적으로 소개되고 확산되기 시작했다. 내가 회복적 생활교육에 관심을 갖게 된 것은 2020년 무렵이었다. 마침 이 시기는 각 교육청이 회복적 생활교육을 현장에 뿌리내리기 위해 다양한 노력을 기울이던 때로, 교사 연수와 연구 지원이 활발히 이루어지고, 각종 매뉴얼과 사례집이 잇따라 발간되었다.

나는 이 시기에 회복적 생활교육을 책을 통해 처음 접했다. 회복적 정의라는 개념을 온전히 이해하기는 쉽지 않았지만, 가해자의 책임 있는 행동과 피해자의 진정한 회복을 통해 공동체가 상처를 치유하고 성장할 수 있다면 얼마나 좋을까 하는 생각이 들었다. 이후 관련 서적을 더 찾아 읽고, 연수를 듣고, 동료 교사들과 함께 공부하면서 회복적 생활교육이야말로 내가 오랫동안 고민해 온 대안적 생활교육의 철학이자 방법이라는 확신이 들었다.

교사로서의 상처

사실 내가 회복적 생활교육에 깊이 공감하게 된 데에는 개인적인 경험이 있었다. 학교폭력 사안을 처리하는 과정에서 교사로서 큰 상처를 입었던 일이다. 지금은 학교폭력대책심의위원회를 통해 교육청 단위에서 사안이 처리되지만, 당시에는 학교 내 학교폭력전담기구가 직접 사안을 다루었다.

나는 2018년 생활부장을 맡으며 학교폭력 관련 업무를 담당하고 있었고, 한 해의 마지막 무렵, 내가 담임을 맡은 학급에서 학교폭력 사안이 발생했다.

학교폭력 사안의 전개

사건의 시작은 한 남학생의 책상 서랍에서 휴대폰 액정이 완전히 부서진 채 발견되면서였다. 누가 보더라도 고의적으로 휴대폰을 망가뜨리고, 보란 듯이 서랍에 넣어둔 것이 분명했다. 누군가 그 학생에게 앙심을 품고 저지른 행동이었다. 그러나 여러 차례의 노력에도 불구하고 범인을 찾지 못했고, 결국 사안은 경찰에 접수되었다.

그제서야 반의 다른 남학생이 자신이 그랬다고 부모님께 자백했다. 두 학생은 반에서 가장 친한 친구 사이였다. 나는 그 학생이 왜 그런 행동을 했는지 도무지 이해할 수 없었다. 이후 절차는 법과 규정에 따라 진행되었고, 학생과 학부모 면담이 여러 차례 이루어졌다.

그 과정의 세세한 내용은 이제 잘 기억나지 않지만, 끝까지 침묵을 지키던 가해 학생에 대한 답답함, 그리고 '돌멩이로 우리 아이의 머리를 쳤을 수도 있지 않았겠느냐'며 분노하던 피해 학생 학부모에게 느꼈던 면구함은 지금도 잔상처럼 남아 있다. 결국 피해 학생은 자신이 원하는 방식의 사과와 재발 방지 약속을 받았고, 학부모는 경찰 신고를 취소했다. 사안은 학교장 종결로 마무리되었다.

남은 감정과 자책

형식적으로는 사건이 끝났지만, 마음속에서는 아무것도 끝나지 않았다. 절친이었던 두 학생의 관계는 완전히 깨어졌고, 가해 학생은 다음 해 다른 학교로 전학을 갔다. 그의 행동은 분명 잘못된 것이었지만, 그 행동의 배경과 감정은 사안 처리 과정에서 제대로 다루어지지 못했다.

침묵으로 일관하던 가해 학생이 마지막으로 남긴 "미워서 그랬어요."라는 한마디는 오랫동안 내 마음에 상처로 남았다. 그를 마음으로 따뜻하게 품어주지 못했고, 더 나은 방식으로 일을 처리하지 못했다는 자책과 무력감이 뒤섞여 내 안에 깊게 침잠했다.

회복적 관점에서의 성찰

회복적 생활교육을 접한 후, 나는 비로소 그때의 일을 다른 시선으로 돌아볼 수 있었다. 시간이 걸리더라도 학생들의 관계를 다루었어야 했다. 그랬다면 미움의 감정을 조금은 풀고, 감정 표현과 관계 형성에 서툴렀던 두 학생이 이 사건을 통해 성장할 수 있었을지도 모른다.

무엇보다 학생들의 관계는 그들 스스로 해결하는 것이라 여겼던 나의 태도부터 돌아보게 되었다. 교사는 교실 공동체 안에서 학생들의 관계를 세심하게 살피고, 건강한 문제 해결 방식을 안내해야 하는 존재였다. 그때 내가 회복적 시선으로 아이들의 관계를 바라보았다면, 그들의 갈등이 되돌릴 수 없는 상처로 남지는 않았을 것이다.

회복적 생활교육이란

회복적 생활교육의 개념

회복적 생활교육이란 회복적 정의Restorative Justice에 대한 교육적 접근으로, 기존의 교사 중심적 처벌·통제 위주의 생활지도 방식에서 벗어나 공감과 연결을 통한 관계성, 공동체성의 회복을 중시하는 새로운 패러다임의 생활교육을 말한다.

광주광역시교육연구정보원[1]은 회복적 생활교육을 다음과 같이 정의한다.

"회복적 생활교육이란 회복적 정의에 대한 교육적 접근으로, 학생들이 서로 간의 갈등을 해결하기 위해 참여하고, 스스로 관계 회복을 위해 노력하도록 돕는 교육이다. 이는 통제 중심이 아닌 존중, 자발적 책임, 협력을 목표로 관계 향상을 통해 평화로운 공동체를 만들어가는 과정이다."

즉, 회복적 생활교육은 교사의 통제가 아니라 학생들의 자율적 참여와 관계적 성장을 기반으로 하는 공동체적 생활교육이다.

무엇을 회복할 것인가

교육의 본질

회복적 생활교육의 핵심 개념인 회복은 무엇을 회복하는가의 질문으로부터 출발한다. 그 답은 교육의 본질, 즉 사람과 사람이 관계 맺는 법을 배우고, 공동체 속에서 갈등을 해결하는 능력을 회복하는 것이다.

교육은 본래 인간을 존중하고 배려하는 법을 가르치는 과정이어야 한다.

---

1) 광주광역시교육연구정보원(2023), 치유와 성장 중심의 교육 공동체를 위한 회복적 생활교육의 동향과 과제, 광주광역시교육연구정보원 교육정책연구부, 18-19.

그러나 기존의 처벌 중심 생활지도에서는 상황의 맥락을 고려하지 않은 채 잘못된 행동에 대한 사과나 벌을 강요하는 경우가 많았다. 이런 방식은 갈등을 성장의 기회로 전환하지 못하게 하고, 교사와 학생, 학생과 학생의 관계를 훼손했다. 그 결과 교실이 공동체로 기능하지 못하는 경우가 종종 발생하였다.

회복적 생활교육은 바로 그 관계의 교육적 본질을 회복하는 시도이기도 하다.

피해자의 회복

두 번째로 회복의 대상은 공동체 안에서의 피해자의 피해이다. 회복적 정의는 응보적 정의Retributive Justice의 한계를 극복하려는 개념에서 출발한다. 응보적 정의가 '누가 잘못했는가'와 '어떻게 처벌할 것인가'에 초점을 맞추는 반면, 회복적 정의는 '누가 피해를 입었는가', '어떤 피해가 발생했는가', '어떻게 회복할 것인가'에 초점을 둔다. 즉, 가해자 중심의 응보 대신 피해자 중심의 치유와 회복을 지향하는 것이다.

그리고 그 회복의 열쇠는 역설적으로 가해자에게 있다. 가해자가 피해자의 고통을 진심으로 이해하고 공감하며, 진정성 있는 사과와 재발 방지의 약속을 할 때, 비로소 피해자의 마음은 회복될 수 있다.

가해자와 공동체의 회복

회복적 정의는 피해자만이 아니라 가해자와 공동체의 회복까지 포괄한다. 가해자는 자신의 행동에 대해 충분히 해명하고 반성할 기회를 가질 때, 공동체의 신뢰 속에서 다시 성장할 수 있다. 피해자는 용서와 이해를 통해 마음의 평화를 얻고, 공동체 구성원들은 서로의 상처를 치유하며 함께 변화를 경험한다.

결국 회복적 정의에서 말하는 회복이란 피해자의 회복, 가해자의 회복, 그리고 공동체 전체의 치유와 성장을 포함한다. 이것이야말로 인간에 대한 존중과 배려라는 교육의 본질을 되찾는 과정이다.

생활지도에서 생활교육으로

회복적 생활교육에서 생활지도 대신 생활교육이라는 용어를 사용하는 이유도 여기에 있다.

생활지도는 교사가 학생의 행동을 규제하고 통제한다는 의미가 강하다. 잘못한 행동에는 처벌을, 잘한 행동에는 보상을 주는 방식으로 학생을 지도하는 것이다. 이러한 방식은 교사에게 권위와 힘을 집중시키고, 학생의 자율적 성장을 제약한다.

반면 생활교육은 학생의 전반적인 삶을 교육적으로 바라보며, 학생이 스스로 존중과 협력의 공동체를 세워나가는 능력을 기르는 과정이다. 이는 단순한 사후적 대처가 아니라, 관계 형성과 공동체 회복을 위한 예방적이고 통합적인 교육 접근이다.

즉, 생활교육은 통제의 언어가 아니라 관계와 성장의 언어다.

학생 생활지도 연속선

로레인 수투츠만 암스투츠와 쥬디 H. 뮬렛2011은 『학교현장을 위한 회복적 학생생활교육』에서 학생 생활지도 연속선Continuum of Student Discipline2)을 제시했다. 이는 학교에서 일어나는 다양한 상황을 처벌 중심에서 회복 중심으

---

2) 로레인 수투츠만 암스투츠, 쥬디 H. 뮬렛(2011), 학교현장을 위한 회복적 학생생활교육, KAP(Korea Anabaptist Press), 37-39.

로 바라보는 사고의 흐름을 보여준다.

학생 생활지도 연속선

처벌　　　　　인과응보　　　　　해결책 찾기　　　　　회복시키기

- **처벌식 접근**: 행동과 결과 간 의미 있는 연관 없이 단순히 처벌을 가하는 방식
- **인과응보식 접근**: 잘못된 행동에 상응하는 처벌을 찾아내는 방식
- **해결책 찾기 접근**: 잘못된 행동의 원인을 찾아 긍정적 행동으로 대체하는 방식
- **회복적 생활교육 접근**: 잘못된 행동으로 인한 피해자와 가해자의 요구를 함께 인식하고, 공동체가 참여해 관계를 회복하는 방식

모든 장면에 회복적 접근이 필요한 것은 아니다. 그러나 관계가 손상되었거나 공동체성이 위협받는 상황이라면, 회복적 접근이 반드시 필요하다.

교사가 바뀌어야 한다

다시 처음의 정의로 돌아가 보자. 회복적 생활교육은 단순한 기술이나 방법론이 아니라 교육 철학이다. 따라서 실천의 출발점은 교사의 변화다.

교사는 학생을 통제의 대상으로 보는 시각에서 벗어나, 공감과 연결의 관계를 세우는 사람이어야 한다. 교사는 회복적 질문을 통해 학생이 스스로 자신의 행동을 성찰하고, 관계 회복의 방향을 찾아가도록 돕는 촉진자이다.

회복적 생활교육을 실천하기 위해서는 먼저 철학에 동의하고, 관계를 중심에 둔 시선을 기르는 일이 선행되어야 한다.

이 책에서는 그 실천 방법 중 하나로 신뢰서클Circle of Trust 운영 사례를 소개하고자 한다. 회복적 질문 기법이나 구체적 실천 방법들은 이미 다양한 자료와 저서를 통해 다루어지고 있으므로, 독자들은 이를 참고하며 자신만의 회복적 실천을 구체화할 수 있을 것이다.

회복적 생활교육의 구조

회복적 생활교육의 핵심 요소: 가치, 기술, 진행

홉킨스Hopkins, 2004는 『정의로운 학교Just Schools』에서 회복적 생활교육이 가치Value, 기술Skill, 진행Process이라는 세 가지 핵심 요소로 구성된다고 설명한다. 먼저 가치는 회복적 실천의 토대에 해당한다. 이는 학교 공동체 안에서 서로를 존중하고 공감하며, 적극적으로 경청하는 문화를 조성하는 것이다. 기술은 구체적 갈등 해결과 관계 회복을 위한 방법을 의미한다. 회복적 대화, 서클 형성, 또래 조정, 공감과 경청의 기술 등이 여기에 포함된다. 마지막으로 진행은 갈등 상황에서 회복적 활동을 실제로 이끌어가는 과정이다. 이 단계에서는 회복적 서클Restorative Circle, 회복적 정의 조정자 모델, 회복적 정의 콘퍼런스와 같은 공적 모임을 통해 갈등을 해결한다.안지영, 2021[3]; Hopkins, 2004 재인용

회복적 생활교육의 3단계 구조

회복적 정의의 원리를 교육 현장에 적용한 회복적 생활교육은 참여 주체와 사안의 정도, 활동의 내용에 따라 세 단계로 구분할 수 있다[4].

---

3) 안지영(2021), 회복적 생활교육 구현 방안 Ⅱ : 비폭력대화에 기초한 공감적 갈등 조정을 중심으로, 열린교육연구, 29(3), 247-275.

4) 연구책임 이기언, 주문희(2023), 치유와 성장 중심의 교육공동체를 위한 회복적 생활교육의 동향과 과제, 광주광역시교육연구정보원 교육정책연구부, 20.

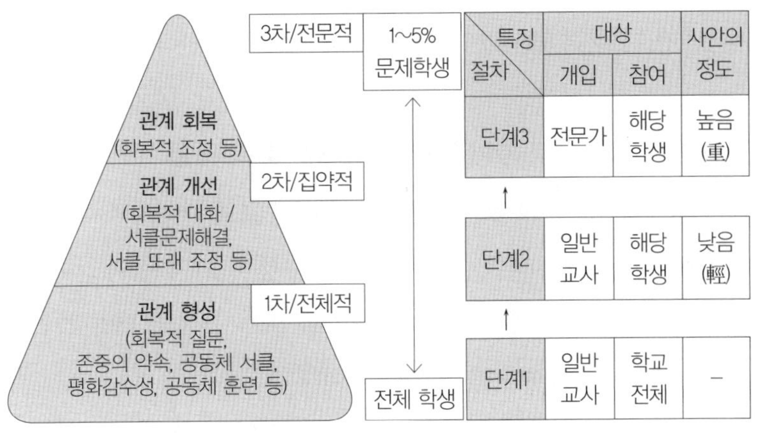

특징 절차	대상		사안의 정도
	개입	참여	
단계3	전문가	해당 학생	높음 (重)
단계2	일반 교사	해당 학생	낮음 (輕)
단계1	일반 교사	학교 전체	–

- **1단계: 관계 형성 단계**

개입 주체는 일반 교사이며, 참여 대상은 학교 전체이다. 평화로운 교실을 만들기 위한 예방적 단계로, 공동체성을 세우고 회복적 문화의 토양을 다지는 것이 목적이다. 이 단계에서 담임교사의 정기적이고 지속적인 관계 형성 활동이 무엇보다 중요하다.

- **2단계: 관계 개선 단계**

개입 주체는 1단계와 마찬가지로 교사이며, 참여 대상은 일상적인 갈등을 겪는 학생들이다. 이 단계에서는 심각하지 않은 갈등이나 학급 내 문제를 다루며, 갈등 해결을 통해 관계를 다시 세우는 데 중점을 둔다.

- **3단계: 관계 회복 단계**

개입 주체는 전문가이고, 참여 대상은 심각한 갈등이나 피해가 발생한 학생들이다. 피해자와 가해자가 명확한 상황에서 구체적인 피해 회복이 필요하며, 체계적이고 전문적인 회복적 서클이 진행된다. 일반적으로 학급의

1~5% 정도를 차지하는 고위험군 학생들이 이에 해당한다.

브랜다 모리슨의 통합적 접근: 전교적 회복 모델

브랜다 모리슨Brenda Morrison은 통합적 회복 모델A Whole School Approach to Restorative Justice을 제시하며, 한 학급의 학생 구성 비율을 다음과 같이 설명한다. 고위험군 학생 5%, 갈등과 이슈를 자주 일으키는 학생 15%, 그리고 일상의 평범한 학생 80%가 공존한다는 것이다[5].

대부분의 교사들은 문제를 가시적으로 드러내는 소수의 1~5% 학생들에게 에너지를 집중한다. 그러나 그 과정에서 나머지 80%의 평범한 학생, 혹은 그 속에 숨어 있는 관계의 어려움을 지닌 학생들은 주목받지 못한다.

회복적 생활교육은 이러한 시각을 전환시킨다. 겉으로 드러난 문제 해결에만 머물지 않고, 교실 공동체 전체의 관계망을 돌보며 예방적 평화 구조를 세우는 데 초점을 둔다.

회복적 생활교육의 우선 순위: 평화적 하부 구조 세우기

회복적 생활교육은 단순히 문제 해결의 기술이 아니라, 평화를 예방적으로 구축하는 과정이다. 따라서 교사가 가장 많은 에너지를 쏟아야 할 부분은 사후 처방이 아니라, 사전적 예방을 위한 관계 형성 단계이다.

관계성이란 상호 존중과 이해를 바탕으로 긍정적 관계를 맺고 유지하려는 태도를 말하며, 공동체성은 서로 연결되어 있음을 인식하고 관계 회복과 성장을 위해 함께 노력하는 자세를 뜻한다. 이 두 가지가 훼손된 뒤에는, 아무리 많은 시간과 에너지를 투입하더라도 그 효과를 담보하기 어렵다.

---

5) 김민자·이순영·정선영(2019), 학교를 살리는 회복적 생활교육, 살림, 133.

결국 학급 내 문제 해결의 열쇠는 교사의 권위나 통제에 있지 않다. 그보다 학생들이 스스로 공동체의 평화를 지키고자 하는 내적 압력, 즉 평화적 하부 구조에 달려 있다.

이 구조를 세우기 위해서는 학교의 전 영역, 전 기간에 걸쳐 꾸준히 회복적 생활교육이 실천되어야 한다. 그때 비로소 학교는 갈등이 생겨도 무너지지 않는, 살아 있는 공동체로 서게 된다.

2. 회복적 생활교육에서 신뢰서클의 의미

회복적 생활교육의 꽃, 신뢰서클

서클이란 무엇인가

회복적 생활교육에서 신뢰서클의 의미를 이해하기 위해서는 먼저 서클이 무엇인지 살펴볼 필요가 있다. 서클은 원형으로 둘러앉아 이루어지는 대화 모델로, 의도적으로 기획된 참여적이고 평등한 활동 과정이다.

여기서 원형의 형태는 단순한 좌석 배치 이상의 의미를 가진다. 그것은 힘의 위계가 없는 평등한 관계, 누구도 소외되지 않는 참여의 상징이다. 서클에서는 모든 구성원이 순서대로 말하며, 각자의 이야기를 존중받는다.

또한 서클은 단순한 대화가 아니라 이야기를 통해 유대를 형성하고 자신을 성찰하는 과정이다.

서클의 유래와 기본 전제

서클은 북아메리카 원주민들의 전통에서 비롯되었다. 그들은 공동체의 중요한 의사결정을 할 때 이야기 막대를 돌려가며 차례로 말했고, 그 과정은 서로의 이야기에 귀 기울이며 관계를 유지하는 방식이었다.

1990년대 초반, 미국과 캐나다에서는 이러한 전통적 서클을 사법 절차에 도입하여, 피해자와 가해자, 영향을 받은 사람들을 모두 포함한 회복적 대화 서클을 운영하였다. 이후 서클의 유용함이 인식되면서 교육, 상담, 조직 문화 등 다양한 영역으로 서클의 적용 범위가 확대되었다.

서클의 근본 전제는 인간의 선함과 대화의 힘에 대한 신뢰에 있다. 첫째, 인간은 본래 선한 방법으로 타인과 연결되고자 하는 보편적 소망을 가진다. 둘째, 인간은 서로 연결되어 있으며, 상호 의존적인 존재다. 이 두 가지 믿음이 서클의 바탕이 된다.

서클의 교육적 효과

서클은 회복적 생활교육의 핵심 실천 방법으로, 교사와 학생, 학생과 학생 간의 관계를 연결하는 가장 효과적인 도구 중 하나다. 연구에 따르면 신뢰서클과 공동체 활동을 학급에 적용했을 때 학급응집력과 교우 관계가 유의미하게 향상되는 결과가 나타났다[6]. 학생들은 서클을 통해 서로의 마음에 공감하고, 친근감을 느끼며, 격려와 지지를 주고받는 경험을 했다. 이는 대화의 힘이 공동체의 신뢰 구조를 강화한다는 것을 보여준다.

서클의 두 가지 형태

서클은 목적에 따라 크게 두 가지 형태[7]로 나눌 수 있다.

• 신뢰서클_{공동체 서클}: 일상적인 소통과 공감을 통해 관계를 강화하는 서클

---

[6] 이혜경(2017), 회복적 생활교육 프로그램이 초기 청소년의 학급응집력과 교우 관계에 미치는 효과, 경기대학교 교육대학원

[7] 정진(2024)은 명칭이 갖는 의미를 포괄적으로 개방하여 자유롭게 주제를 구성하는 서클의 특징을 드러내기 위해 기존의 신뢰서클을 '공동체 서클'로, 문제해결서클은 '피스메이킹 서클'로 명칭을 변경한다고 하였다(정진(2024), 교실을 움직이는 힘 회복적 생활교육, 리피스북스, 150p 참고).

• 문제해결서클피스메이킹 서클: 특정한 갈등이나 문제 상황을 함께 해결하는 서클

두 형태 모두 회복적 정의의 원리를 바탕으로 하지만, 그 역할은 다르다. 중요한 점은 신뢰서클이 탄탄하게 운영될 때 문제해결서클이 더욱 효과적으로 기능한다는 것이다. 즉, 평화적 관계의 토대 위에서만 갈등의 전환이 가능하다.

신뢰서클의 의미와 중요성

안전한 공간의 확보

신뢰서클은 구성원들에게 심리적·정서적 안정감을 주는 안전한 공간을 만든다. 서클 안에서는 누군가의 시선이나 비난을 두려워하지 않고 자신의 이야기를 자유롭게 나눌 수 있다. 이 경험은 학생들에게 존재로서의 수용을 느끼게 하며, 학급 내 신뢰의 기반을 다진다.

진정한 공동체의 경험

교실은 학생들이 사회적 공동체를 직접 경험할 수 있는 몇 안 되는 공간이다. 신뢰서클은 서로를 알아가고 관계를 맺으며, 함께 성장하는 공동체적 만남의 장이다. 단순한 활동이 아니라, 학급이 하나의 공동체로 진화하는 과정이다.

평화적 하부 구조의 형성

서클의 원형 배치는 관계의 연결성과 동등함을 상징한다. 이야기 막대를 돌려가며 차례로 발언하는 구조는 일부 학생이 대화를 독점하지 못하도록 하며, 수평적 의사소통과 민주적 교실 문화를 형성한다. 이를 통해 학급 내

에서는 상호 존중과 배려의 평화적 압력이 작동하게 된다.

일상적 문제 상황에의 개입

신뢰서클은 문제가 커지기 전에 예방하고 완화하는 역할을 한다. 일상적
으로 운영되는 신뢰서클은 문제 상황이 심각해지지 않도록 관계망을 유지
시킨다. 또한 신뢰서클은 다수의 학생에게 긍정적인 영향을 주면서도 교사
의 에너지를 과도하게 소모하지 않는다.

대화의 반복이 만드는 변화

신뢰서클은 단지 문제를 해결하는 도구가 아니라, 학급의 문화를 변화시
키는 힘을 지닌다. 그 핵심은 대화에 있다. 대화의 자리가 반복될수록 구성
원들은 점차 연결감을 느끼고, 공동체에 대한 소속감을 회복한다. 중요한
것은 매번 대화의 연결이 원활하지는 않더라도, 그 불편함을 견뎌 내고 학
급 내에서 신뢰서클 모임을 지속적으로 갖는 것이다.

신뢰서클의 구성요소 및 진행 순서

신뢰서클의 구성요소

회복적 생활교육의 실천 방식 중 하나인 신뢰서클은 다섯 가지 핵심 요소-의식Ceremony, 이야기 막대Talking Piece, Talking Stick, 진행자Keeper, 기본 규칙, 합의적 의사결정-으로 이루어진다. 이 요소들은 서클 내 구성원 간의 대화와 정서적 연결을 돕고, 서클이 안전한 공간으로 기능하도록 하는 역할을 한다. 여기서 안전한 공간이란 비밀이 지켜지고, 경청이 이루어지며, 약속이 신뢰로 이어지는 장소를 의미한다.

이제 각 구성요소를 하나씩 살펴보자.

1) 의식

의식은 일상적인 모임과 구별되는 특별한 자리를 열기 위한 의도적인 활동이다. 여는 의식과 닫는 의식을 통해 서클에 초대된 구성원들은 긴장과 불안을 내려놓고 서클의 분위기에 몰입할 수 있다. 교실에서는 침묵, 명상, 시 낭송, 음악 감상, 간단한 신체 놀이 등을 활용할 수 있다. 초등 저학년의 경우에는 놀이 자체에 마음을 빼앗길 수 있으므로 의식을 단순화하거나, 충분히 서클에 익숙해져 있다면 여는 의식을 생략해도 무방하다.

2) 이야기 막대(토킹피스, 토킹스틱)

이야기 막대는 서클의 상징이자 질서를 유지하는 도구로, 막대를 들고 있는 사람만 발언할 수 있다. 이 막대는 공동체의 가치를 담은 상징물일수록 의미가 깊으며, 참여자들이 진솔한 내면의 이야기를 꺼낼 수 있도록 돕는다. 발언을 원하지 않는 사람은 침묵을 택할 수도 있다. 대화 집중력이 짧고 경청 훈련이 부족한 학생들이나, 초등 저학년·다인수 학급에서는 무선 마이크를 이야기 막대로 활용하는 것도 좋은 방법이다.

3) 진행자 또는 키퍼

진행자는 서클의 안전한 대화 공간을 유지하는 중심 역할을 맡는다. 진행자는 참여자들이 존중받는 분위기에서 자신의 생각을 표현하도록 돕고, 필요할 경우 기본 규칙을 상기시킨다. 학급에서는 주로 교사가 진행자가 되지만, 가르치는 역할이 아니라 소통을 유지하는 역할에 충실해야 한다.

4) 기본 규칙

기본 규칙은 서클 내에서 구성원들이 스스로 합의한 약속이다. 이는 강제적인 규율이 아니라, 대화를 원활히 진행하기 위한 신뢰의 장치다.

일반적으로 다음 네 가지 규칙이 활용된다.

① 이야기 막대를 가진 사람만 말한다.

② 다른 사람의 이야기를 경청한다.

③ 서클은 처음부터 끝까지 원형을 유지한다.

④ 서클에서 나온 이야기는 비밀을 보장한다.

교사는 이 규칙을 안내하고, 참여자들의 합의를 통해 추가하거나 수정할 수 있도록 한다. 또한 기본 규칙을 적은 종이를 센터피스_{서클 중앙의 상징물8)}로 활용하면, 대화의 초점을 중심에 두고 진행할 수 있다. 센터피스는 서클의 주제와 목적을 시각적으로 표현하며, 서클에 몰입할 수 있도록 돕는 장치다.

---

8) 센터피스란 원의 가운데에 설치하는 장치로, 서클에 집중할 수 있도록 돕고 이야기를 나눌 때 시선을 둘 수 있는 장소의 개념을 갖고 있다. 서클에서 말한다는 것은 타인에게 '나 자신을 드러내기 위한 말하기'보다 '원의 중심을 향해 말하기'라는 의미를 지니고 있다. 그래서 센터피스는 주로 여는 의식과 함께 구성되기도 하고, 서클의 목적과 주제를 드러내기 위한 일반적인 장치로 놓이기도 한다(정진(2024), 앞의 책 160p 참고).

5) 합의적 의사결정

서클의 모든 의사결정은 합의에 기반한다. 이 합의는 단순한 동의가 아니라, 모든 참여자가 결정을 기꺼이 따르고 실천할 의사가 있음을 뜻한다. 항상 합의에 이르지는 않더라도, 충분한 대화와 공감의 과정을 거쳤다면 대부분의 경우 자연스러운 합의가 이루어진다. 이 과정은 민주적이며, 결정의 실행 가능성을 높인다. 무엇보다 서클에서는 문제 해결보다 관계 맺기가 먼저 이루어져야 함을 잊지 말아야 한다.

신뢰서클의 진행순서

신뢰서클의 구체적인 진행 방식은 목적과 참여자 특성에 따라 다르지만, 경기도교육청2014의 매뉴얼9)에 따르면 일반적인 순서는 다음과 같다.

① 서클 소개 및 동의: 신뢰서클의 취지를 설명하고, 모두의 참여 동의를 얻은 후 원형으로 앉는다.

② 여는 의식: 음악, 시, 영상 등을 활용해 분위기를 조성하고, 진행 방식과 기본 규칙을 정한다.

③ 첫 번째 질문: 학생들이 쉽게 답할 수 있는 질문으로 서클의 문을 연다.

④ 두 번째 질문: 자신과 타인을 이해하고 관계를 형성할 수 있는 질문을 던진다.

⑤ 닫는 단계: 느낀 점과 배운 점을 나누며, 서로를 격려하고 감사의 말을 전한다. 진행자는 진심을 표현한 학생들의 용기와 공동체의 성장을 축하하고 마무리한다.

---

9) 경기도교육청(2014), 평화로운 학교를 위한 회복적 생활교육 매뉴얼, 경기도교육청 민주시민교육과, 85.

신뢰서클의 질문 구성

신뢰서클의 분위기를 이끄는 핵심은 질문이다. 질문은 모임의 목적과 참가자 특성에 맞게 구성되며, 일반적으로 네 가지 단계로 이루어진다.

- 여는 질문: 마음을 열고 서클의 분위기를 만드는 질문
- 주제 질문: 이번 서클에서 다룰 핵심 주제에 관한 질문
- 실천 질문: 주제 논의 후 앞으로의 실천이나 변화를 다짐하는 질문
- 배움 질문: 느낀 점이나 배운 점을 공유하며 마무리하는 질문

보통 여는 질문 1~2개, 주제 질문 3~4개, 배움 질문 1~2개 정도로 구성하지만, 참여자의 연령과 수에 따라 조정이 필요하다. 초등 저학년은 질문의 분량을 적게, 고학년은 여분의 질문까지 넉넉히 준비하는 것이 좋다.

신뢰서클 운영 흐름

나는 다음과 같은 4단계 흐름을 적용하여 신뢰서클을 운영하였다. 학급에서 교육적 목적으로 진행하였기 때문에, 질문 나누기뿐만 아니라 관련된 활동을 함께 하는 경우가 많았다. 또 단계별로 모든 질문과 활동을 수행하는 것이 아니라, 교사의 기획에 따라 선택적으로 운영하였다.

한 달에 한 번 이상 정기적으로 신뢰서클을 진행했으며, 익숙해진 뒤에는 여는 의식을 단순화하거나 생략했다.

① 여는 의식: 원형으로 자리를 배치하고 센터피스를 구성한다. 서클의 목적과 기본 규칙, 이야기 막대를 소개하며 인사를 나눈다.

② 여는 질문: 어색함을 풀고 심리적 안정감을 주는 질문이나 활동을 진행한다.

③ 주제 질문: 공동체의 유대감과 관계적 성장을 촉진하는 질문과 활동을 중심으로 진행한다.

④ 닫는 의식: 느낀 점과 감사, 다짐을 나누며 서클을 마무리한다.

신뢰서클 운영 시 유념할 사항

지금까지 회복적 생활교육의 필요성과 철학, 그리고 그 실천 방법으로서 신뢰서클의 효과와 구체적인 진행 과정을 살펴보았다. 이제 회복적 생활교육 실천의 첫걸음으로 신뢰서클을 운영하고자 하는 교사들을 위해, 실제 운영 시 유념해야 할 몇 가지 사항을 이야기하고자 한다.

회복적 생활교육의 철학 유지

무엇보다 중요한 것은 신뢰서클이 회복적 생활교육의 여러 실천 방법 중 하나라는 점을 잊지 않는 것이다. 따라서 신뢰서클은 반드시 회복적 생활교육의 철학을 바탕으로 운영되어야 한다.

회복적 정의의 아버지 하워드 제어Howard Zehr는 "회복적 정의는 약도가 아니라 나침반이다."라고 말했다. 이는 회복적 생활교육의 본질이 프로그램이나 기법, 도구에 있는 것이 아니라 교사의 사고와 관계의 방향성에 있음을 의미한다.

교사의 생활교육 패러다임이 명확하지 않으면, 회복적 생활교육이 또 다른 통제의 수단으로 변질될 위험이 있다. 예를 들어 신뢰서클에 참여하는 학생들 중 장난을 치거나 경청을 방해하는 학생이 있다면 어떻게 할 것인가? 교사는 처벌이나 보상으로 제어하기보다 잠시 멈추어 함께 합의한 기본 규칙을 상기시켜야 한다. 그럼에도 불구하고 방해가 지속된다면 자리를 바꾸거나 교사가 학생의 뒤에 서서 비언어적 신호로 분위기를 조정할 수도 있다.

또 다른 예로 어떤 목적을 가지고 신뢰서클을 운영할 때 교사의 바람과는 다른 합의 결과가 도출된다면 어떻게 할 것인가? 신뢰서클의 결과가 교사의 기대와 다를 경우에도, 진행자는 참가자들의 합의를 존중해야 한다. 교사는 신뢰서클의 진행자로서 주제에 관해 올바른 잣대를 제시할 수는 있지만, 자신의 의도대로 이끌어서는 안 된다. 신뢰서클의 결정은 구성원들의 공동의 지혜와 합리성에 기반하므로, 상식을 벗어나는 경우는 거의 없다.

교사의 개성과 창의성 발휘

신뢰서클은 정해진 형식에 얽매이지 않는다. 교사는 자신의 교육철학과 학생들의 특성에 맞게 다양한 방식으로 변주할 수 있다. 명상, 놀이 활동, 그림 그리기, 만들기, 교육 연극 등 여러 활동을 신뢰서클 안에 접목시킬 수 있으며, 교과 학습과 연결하는 것도 가능하다.

예를 들어 '나에게 소중한 물건'을 주제로 한 신뢰서클 후에 국어 시간에 그 물건에 대한 설명문을 쓰거나, 의사소통을 주제로 국어·도덕 수업과 연계한 공감 대화 신뢰서클을 운영할 수 있다. 학급 행사나 창의적 체험활동에서도 신뢰서클 방식을 적용해 민주적 의사결정의 장으로 활용할 수 있다.

이처럼 신뢰서클은 교사의 기획력과 교육과정 이해에 따라 다채롭게 운영될 수 있다. 동일한 기획이라도 교실의 맥락에 따라 결과는 달라지며, 교사의 개성과 연구가 더해질수록 신뢰서클은 더욱 풍성해진다.

인내심과 지속성의 힘

신뢰서클의 변화는 단기간에 나타나지 않는다. 당장 눈에 띄는 성과를 기대하기보다, 인내와 지속성을 가지고 운영해야 한다. 신뢰서클은 문제를 즉각 해결하기 위한 도구가 아니라, 구성원 간의 관계를 회복하고 신뢰를 쌓아가는 교육적 과정이다.

따라서 보이지 않는 움직임을 믿고 꾸준히 이어가는 교사의 자세가 필요하다. 학생들은 공동체 속에서 자신을 드러내는 것 자체에 익숙하지 않기 때문에, 처음에는 불편함을 느낄 수 있다. 그러나 시간이 지나면 이 불편함 속에서 자기 개방과 공감, 지지의 경험이 쌓여 공동체의 관계가 단단해진다.

물리적 시간의 제약이 있다면 한 달에 1~2회 정도 정기적으로 신뢰서클을 운영하거나, 짧게는 체크인 서클Check-in Circle과 체크아웃 서클Check-out Circle10)을 활용할 수 있다. 예를 들어 주간의 시작과 마무리 시간에 5~10분 정도 짧게 원을 이루어 서로의 상태나 소감을 나누는 것만으로도 서클 문화를 유지할 수 있다.

함께하는 실천의 힘

마지막으로 회복적 생활교육은 혼자보다는 여럿이 함께할 때 그 효과가 커진다. 교사 개인의 실천뿐 아니라, 동료교사·학생·학부모가 함께 참여할 때 공동체의 회복적 문화가 형성된다.

서로의 실천을 지지하고 배우는 과정은, 교사가 흔들릴 때 큰 힘이 된다. 예컨대 회복적 생활교육의 방향에 대한 의문이 들거나, 실천의 동력을 잃었을 때, 함께 실천하는 동료는 서로의 나침반이자 지지대가 되어준다.

회복적 생활교육의 여정은 결코 혼자가 아닌 공동의 여정이다. 그 길 위

---

10) 체크인 서클(Check-in circle) 및 체크아웃 서클(Check-out circle)은 어떤 활동의 시작이나 끝에 혹은 하루, 일주일, 한 학기 등의 일정한 시간의 시작과 끝에서 서로 의견을 나눌 때 사용한다. 서클의 운영 형태 중 가장 간단한 것으로, 학급에서 평소 존중, 친밀, 우정, 배려의 관계를 형성하기 위해 실시한다. 나의 경우 매주 월요일과 금요일 조종례 시간을 활용하여 체크인 서클 및 체크아웃 서클을 실시하였다. 교실의 자리는 그대로 두고 의자 바깥으로 둥글게 서서 5~10분 내외로 진행하였다.

에서 나와 우리, 그리고 학교가 조금씩 회복되어 가는 과정을 함께 경험하는 것, 그것이 바로 회복적 생활교육의 진정한 의미일 것이다.

3장
교실 속
신뢰서클로의
초대

3장은 제가 교육현장에서 실천한 신뢰서클의 다양한 운영 사례들을 소개합니다. 학생 그리고 학부모와 함께한 신뢰서클의 운영 사례들을 월별로 자세히 안내하였습니다. 일 년의 학급살이를 고려하여 주제를 선정한 것이지만 신뢰서클의 주제를 보고 적합한 다른 시기에 실시하여도 좋습니다. 학부모와 함께한 신뢰서클의 경우 동료교사 등 성인을 대상으로 한 소규모 모임에서 활용할 수 있습니다. 처음에는 진행자가 구체적인 시나리오를 가지고 신뢰서클을 운영하다가, 익숙해지면 전체적인 흐름만 숙지하고 진행해나갈 수 있을 것입니다. 학부모 신뢰서클의 경우 신뢰서클을 처음으로 진행하실 선생님들의 부담을 줄여드리기 위해 시나리오(대본) 형태로 서술하였습니다.

신뢰서클은 교사의 기획력이 중요하지만, 신뢰서클의 목적이 존중과 공감을 통한 연결 및 학생들의 관계성과 공동체성 향상에 있다는 점을 잊어서는 안 됩니다. 신뢰서클 운영의 시간은 2차시 정도로 넉넉히 확보해주시고, '프로그램으로 학생을 대상화하지 말라'는 말을 명심해주시기 바랍니다. 이 또한 한 가지 사례이므로 선생님의 교실 상황에 맞게 신뢰서클의 다양한 변주가 이루어지길 기대합니다.

1. 학생 신뢰서클 월별 운영 사례

3월 학생 신뢰서클
: 첫 만남

운영 목적

3월 신뢰서클은 편안한 분위기 속에서 자신을 소개하고, 함께 만들어갈 학급의 모습을 그려보기 위해 실시하였다. 또한 첫 신뢰서클인 만큼 앞으로 정례적으로 운영될 우리 반 신뢰서클의 의미를 소개하고 직접 경험해 보는 자리이기도 하였다.

활동 흐름

① 여는 의식

- 둥글게 자리 배치하고 앉기
- 센터피스(화병, 모포, LED 촛불) 마련하기
- 신뢰서클의 의미와 규칙 안내하기

② 여는 활동

- 몸 놀이 '바람이 분다' 진행하기

③ 여는 질문

- 나와 닮았다고 생각하는 것은 무엇인가요? (동물이나 식물 등)

- 지금까지 우리 반에서의 기분을 색깔로 표현한다면 어떤 색인가요?

  그 이유는 무엇인가요?

④ 주제 질문

- 올해 우리 반이 어떤 반이 되면 좋겠어요?

  (그림카드와 연결하여 이야기하기)

- 올해 우리 반 친구들과 꼭 하고 싶은 활동은 무엇이며,

  그 이유는 무엇인가요?

⑤ 닫는 의식

- 소감 나누기

활동 내용

■ 둥글게 자리를 배치하고 앉은 후, 첫 신뢰서클이므로 신뢰서클의 의미와
규칙을 안내한다.

"우리가 지금 동그랗게 앉아 있는 이유는 모두가 평등하고, 소외되는 사람 없이 이야기 나눌 수 있음을 상징합니다. 이 모임을 앞으로 신뢰서클이라 부르겠습니다. 신뢰서클에서는 이야기 막대를 차례로 옆 사람에게 건네며, 막대를 받은 사람이 자신의 이야기를 말합니다."

■ 신뢰서클의 기본 규칙을 소개하고, 학생들과 함께 추가할 내용이 있는지 확인한다.

> "우리들이 솔직하고 편안하게 자신의 이야기를 할 수 있도록 돕는 신뢰서클의 규칙이 있어요. 여러분이 괜찮은지 잘 살펴보세요. 첫째, 이야기 막대를 가진 사람만 이야기한다. 둘째, 다른 사람의 이야기를 잘 듣는다. 셋째, 다른 사람을 존중하며 다른 사람이 기분 나쁠 만한 이야기는 하지 않는다. 넷째, 끝나기 전에 자리를 떠나지 않는다. 다섯째, 신뢰서클에서 나눈 이야기는 비밀을 지킨다. 여섯째, 생각이 나지 않으면 패스하고 두 번째 원이 돌 때 이야기한다. 모두 괜찮은 규칙인가요? 혹시 추가하고 싶은 규칙이 있나요?"

■ '바람이 분다' 놀이로 긴장을 풀고 분위기를 화기애애하게 한다. 진행자는 원의 가운데에서 "바람이 분다, 바람이 분다, ~한 사람에게 바람이 분다." 라고 외치며 손을 흔든다. 해당되는 사람들은 자리를 옮기고, 진행자도 빈 자리에 앉는다. 자리에 앉지 못한 사람이 다음 진행자가 된다.

■ 자리에 앉아 돌아가며 나와 관련한 여는 질문을 나눈다. 여는 질문은 두 가지로 '나와 닮았다고 생각하는 것(동물이나 식물 등)은 무엇인가요?'와 '지금까지 우리 반에서의 기분을 색깔로 표현하면 무엇인가요?'이다. 돌아가며 이야기할 수 있도록 하되, 생각이 나지 않으면 옆 친구에게 이야기 막대를 넘겨도 괜찮다. 대신 두 번째 원이 돌 때는 앞서 이야기하지 않았던

학생들이 이야기할 수 있도록 하여 모든 학생들이 질문에 대답할 수 있도록 한다.

■ 이제 돌아가며 주제 질문을 나눈다. 주제 질문을 나누기 전 교사는 바닥에 이미지 프리즘 카드를 펼쳐 둔다. 학생들은 선생님이 그림카드를 펼칠 동안, 내가 바라는 우리 반의 모습을 가장 잘 표현한다고 생각하는 그림카드 한 장을 마음 속으로 정해 둔다. 자신의 차례가 되면 그 카드를 들고 와서, 우리 반이 어떤 반이 되었으면 좋겠는지를 연결 지어 이야기 한다. 이후 올 해 우리 반 친구들과 꼭 하고 싶은 활동에 대해서도 함께 이야기한다. 이 질문은 전원이 반드시 대답하지 않아도 된다.

■ 마지막으로 소감을 나누며 신뢰서클을 마무리한다. 끝까지 자리를 지키며 친구들의 이야기에 귀 기울인 학생들에게 박수를 보내며 격려해준다.

활동 결과

- 학생들은 '서로 다른 모습으로 예쁜 꽃과 같은 반', '친구를 잘 들여다보고 어려울 때 도와주는 반', '사막을 건너는 낙타처럼 힘들어도 참고 노력하는 반'이 되었으면 좋겠다는 의견을 나누었다.
- 올해 함께 하고 싶은 활동을 이야기하는 과정에서, 학생들이 이전 학년에서 즐거웠던 경험을 떠올리고 공유하는 모습을 볼 수 있었다. 일부 활동(예: 친구들과 자전거 타기)은 교육과정 내에서 실현하기 어려웠지만, 대부분은 학급 단위 보상활동으로 연계할 수 있는 아이디어였다.

Tip ①

학생 수가 적을 때에는 특별한 의미가 담긴 이야기 막대를 사용하는 것도 좋다. 다만 인원이 20명 이상일 경우 목소리가 작은 학생의 이야기가 잘 들리지 않아 집중하기 어려웠다. 이럴 때는 무선 마이크를 이야기 막대로 활용하는 것이 현실적이다.

Tip ②

의자 없이 바닥에 앉아 진행하면 시간이 지나면서 자세가 흐트러지는 경우가 많았다. 저학년은 의자를 가지고 둥글게 앉는 방식이 좋으며, 고학년에게도 동일한 방법을 추천한다.

Tip ③

고학년은 긴장을 풀기 위해 몸놀이를 포함하는 것이 효과적이지만, 저학년은 놀이에 지나치게 몰입해 이후 활동에 집중하지 못하는 경우가 있었다. 저학년의 경우 '바람이 분다' 놀이는 별도의 놀이 시간을 확보하여 진행하고, 이후 신뢰서클을 차분하게 시작하는 편이 좋다.

4월 학생 신뢰서클
: 가치급훈 만들기

운영 목적

4월 '가치급훈 만들기' 신뢰서클은 학급 구성원들이 중요하게 생각하는 가치를 탐색하고, 그 가치를 바탕으로 우리 반의 공동 목표인 급훈을 만들기 위해 실시하였다. 학급 내 다양한 욕구 분포를 살펴보며, 서로 다른 생각 속에서 공동으로 추구할 가장 중요한 가치를 협의하여 결정하는 과정을 경험하였다. 급훈을 정한 뒤에는 이를 시각적으로 꾸며 게시하기 위한 1차시 활동을 추가로 진행하였다.

활동 흐름

① 여는 의식

- 둥글게 자리 배치하고 앉기
- 센터피스(화병, 모포, 신뢰서클 규칙 안내 종이) 마련하기

② 여는 질문 및 활동

- 올 한 해 행복한 우리 반이 되는 데 가장 중요하다고 생각하는 가치 두 가지는 무엇인가요? 그 이유는 무엇인가요?
- 내가 중요하다고 생각하는 가치에 스티커 붙이기

③ 주제 질문 및 활동

- 우리 반이 중요하게 생각하는 가치를 담아 모둠별로 급훈 문장 만들기

- 모둠별로 어떤 가치와 과정을 거쳐 급훈을 만들었는지 발표하기
- 친구의 발표를 듣고 모둠별로 급훈 문장 다시 협의하기
- 우리 반 급훈 정하기(투표)

④ 닫는 의식
- 우리 반 급훈 발표하기
- 새롭게 알게 된 점이나 느낀 점 나누기 및 실천 다짐하기

활동 내용

■ 둥글게 자리를 배치하고 앉은 뒤, 배경 화면에 다양한 가치를 띄워 놓고 '올 한 해 행복한 우리 반이 되기 위해 가장 중요하다고 생각하는 가치 두 가지와 그 이유'를 메모지에 적도록 한다. 이후 돌아가며 자신의 생각을 발표한다. 글로 써보는 과정을 통해 학생들은 자신의 생각을 숙고하고 명확하게 정리할 수 있다.

■ 학생들이 적는 동안 교사는 칠판에 다양한 가치(욕구)가 적힌 종이를 붙이고 스티커를 준비한다. 학생들은 자신이 적은 메모지를 제출하고 스티커를 받아, 자신이 중요하다고 생각한 가치에 스티커를 붙인다.

■ 우리 반 학생들이 중요하게 생각하는 가치를 담아 모둠별로 급훈 문장을 만든다. 모둠별로 결정된 문장은 보드판에 적어 공유하고, 각 모둠 대표가 어떤 가치로 급훈을 만들었는지, 그 과정에서 어떤 의견이 오갔는지 발표한다.

"모둠원이 협의하여 2가지 또는 3가지의 가치가 담긴 급훈 문장을 정해볼까요? 스티커가 제일 많이 붙은 가치가 아니더라도 모둠원들끼리 상의하여 결정한 가치이면 됩니다. 예를 들어 우리 모둠에서 성장, 존중, 재미의 가치를 골랐다면 '서로 존중하고 재미있게 배우며 성장하는 우리'와 같이 급훈을 만들 수 있습니다."

■ 발표 직후 급훈을 바로 투표로 정하지 않고, 한 차례 더 모둠 내 협의의 시간을 가진다. 이는 특정 모둠의 문장이 단번에 급훈으로 선정되는 것을 방지하고, 학급 구성원 모두가 결정 과정에 참여했다고 느낄 수 있도록 하기 위함이다. 수정된 모둠별 급훈 문장을 칠판에 붙인 뒤, 거수로 우리 반의 급훈을 최종 결정한다.

■ 마지막으로 결정된 급훈을 발표하고, 새롭게 알게 된 점이나 느낀 점을 돌아가며 나눈다. 신뢰서클을 마무리하며 학생들은 함께 만든 급훈을 큰 목소리로 읽고, 한 해 동안 이를 실천할 것을 다짐한다.

활동 결과

- 최종 결정된 우리 반 급훈은 '따뜻한 희망을 가진 ㅁㅁ반', '우정을 나누는 행복한 ㅁㅁ반' 등이었다.

- 종이접기 활동과 연계하여 하트 막대를 접고 그 위에 가치를 적어 발표하는 방법도 효과적이었다. 손에 쥔 하트 막대는 자신이 선택한 가치를 더욱 소중히 느끼게 해 주었다.

- 결정된 급훈은 A4 용지에 테두리 글자로 출력하여 4등분하고, 각자 2~3 조각씩 색칠하게 한 뒤 다시 합쳐 코팅하여 게시하였다. 학생 개성이 담긴 협동작품으로 완성되어 급훈의 의미를 한층 강화할 수 있었다.

Tip ①

나는 그로그 욕구 카드의 다양한 욕구를 가치로 활용하였으며, 저학년의 경우 단순화된 가치 풍선 그림을 사용하였다. 저학년 학생들은 가치의 의미를 정확히 이해하지 못할 수 있으므로, 뜻을 쉽게 설명해주고 구체적 사례와 연결해주는 과정이 필요하다. 필요하다면 1차시를 별도로 확보하여 추상적 가치를 실제 경험과 연결 지어 설명해 주면 효과적이다.

Tip ②

신뢰서클 중 글을 써야 하는 활동이 있을 때에는 의자를 책상으로 삼고 바닥에 앉아 작성하면 된다. 모둠 활동 시에는 기존 모둠을 그대로 활용하거나, 번호를 돌아가며 부여해(예: 1,2,3,4) 같은 번호끼리 모둠을 구성하면 된다.

Tip ③

고학년은 반 전체의 의견을 결정할 때 협의 과정을 한 번으로 끝내지 않고 여러 번 반복하는 것이 좋다. 반복 협의를 통해 학생들은 자신의 생각을 수정하거나 다른 의견을 수용하는 경험을 하게 된다. 이러한 과정은 최종 결정된 급훈을 공동체의 합의로 받아들이는 데 도움이 된다.

Tip ④

저학년의 경우 학생 특성상 협의 과정을 한 번으로 마무리해도 무방하다. 그래서 1학년과의 신뢰서클에서 급훈 수정 단계를 생략하고 바로 투표를 진행하였다. 1학년 학생들의 특성상 고쳐서 만드는 시간을 가지면 처음과 다른 새로운 급훈 문장들이 나올 가능성이 높기 때문이기도 하고, 급훈 문장을 고쳐서 만드는 시간을 한 번 더 가지지 않아도 우리 반 급훈으로 받아들일 수 있는 열린 마음을 가지고 있기 때문이다.

Tip ⑤

급훈을 게시할 것을 고려하면 문장 길이는 10~20자 내외가 적당하다. 일부 모둠은 많은 가치를 담으려다 문장이 지나치게 길어지기도 하였다. 급훈은 우리 반의 핵심 가치를 2~3가지 정도 담아, 간결하고 의미 있게 만드는 것이 좋다는 점을 사전에 안내해 주어야 한다.

4월 학생 신뢰서클
: 존중의 약속 만들기

운영 목적

4월에는 '가치 급훈 만들기' 신뢰서클과 함께 '존중의 약속 만들기' 신뢰서클을 진행하였다. 이 신뢰서클은 학생들 간에 서로를 존중하는 긍정적인 관계를 형성하고, 공동체 생활의 규범과 가치를 명확히 하기 위한 목적으로 실시하였다. 일방적으로 강요되는 규칙이 아니라 상호 존중의 가치에 기반한 약속을 함께 만들어가는 과정 자체가 교육적 의미를 지닌다. 공동체의 합의를 통해 만들어진 약속은 학생들이 자율적·자발적으로 규칙을 지키도록 이끄는 힘이 있다.

3월이 아닌 4월에 '가치 급훈 만들기' 신뢰서클을 운영한 이유는, 한 사람한 사람의 생활 모습과 특질을 충분히 이해한 뒤 함께 존중의 약속을 만드는 것이 더 의미 있다고 판단했기 때문이다.

존중의 약속을 정한 뒤에는 약속 문구를 꾸며 게시하는 데 1차시(40분)가 추가로 필요하였다. 물론 교사가 프린터나 플로터를 활용해 출력하여 게시하는 방법도 가능하다. 활동 일주일 후에는 존중의 약속을 실천하며 느낀 점을 공유하고, 수정·보완할 사항을 논의하는 학급회의를 진행하였다.

활동 흐름

① 여는 의식

- 둥글게 자리 배치하고 앉기
- 센터피스(화병, 모포, 신뢰서클 규칙 안내 종이) 마련하기

② 여는 질문 및 활동

- 학급 가치 급훈을 만들 때 보았던 가치들 중, 모든 가치를 아우를 수 있는 가장 중요한 가치는 무엇인가요?

③ 주제 질문 및 활동

존중의 약속 만들기(1): 개인 및 모둠 활동

- 학생은 선생님을 어떻게 존중할 것인가?
- 나는 다른 친구들을 어떻게 존중할 것인가?
- 개인 활동지에 학생과 선생님, 학생과 학생 사이에서 존중을 실천할 수 있는 구체적인 말이나 행동 적기
- 모둠별로 의견을 모아 모둠 존중의 약속 활동지 작성하기

존중의 약속 만들기(2): 전체 활동

- 다른 모둠의 존중의 약속 살펴보기
- 의견을 통합하여 '우리 반 존중의 약속' 만들기

④ 닫는 의식

- 소감 나누기

활동 내용

■ 둥글게 자리를 배치하고 앉는다. '가치 급훈 만들기' 신뢰서클을 되돌아보며, 여러 가치들 가운데 가장 우선되는 가치가 무엇인지 돌아가며 이야기 나눈다. 이 질문은 모든 학생이 반드시 발언할 필요는 없으며, 자연스러운 흐름 속에서 존중의 가치를 떠올릴 수 있도록 유도한다. 교사는 대화의 마

무리에서 존중의 의미를 다음과 같이 짚어준다.

> "존중은 인간 존엄성과 인권, 행복추구와 깊이 관련되어 있습니
> 다. 타인을 존중함으로써 우리는 그 존재와 가치를 인정하게 되
> 고, 서로 존중하는 사회에서 인권이 지켜집니다. 또 그런 관계 속
> 에서 우리는 자신의 잠재력을 발휘하고 유대감을 느끼며 행복
> 해집니다. 존중은 인간 사회의 기본이자 가장 중요한 밑바탕입
> 니다."

■ 개인 및 모둠 활동으로 존중의 약속을 만든다. 학생들은 '내가 선생님을 어떻게 존중할까?', '나는 친구들을 어떻게 존중할까?'를 주제로 이야기하며, 교사는 학생들이 내가 받기 원하는 존중보다 내가 먼저 베풀 존중을 중심으로 사고하도록 이끈다. 이후 개인 활동지에 구체적인 존중의 말과 행동을 적고, 이를 모둠별로 모아 모둠 존중의 약속 활동지를 작성한다. 이때 유사한 내용은 통합하되, 친구의 의견을 함부로 삭제하지 않도록 주의하며, 모두의 의견이 존중받는 과정을 경험하도록 한다.

■ 모둠별로 작성한 존중의 약속을 발표하고, 교사의 주도 아래 중복된 내용을 정리하여 우리 반 존중의 약속을 완성한다. 필요하면 의견을 낸 학생에게 구체적인 설명을 요청하며 내용을 보완한다.

■ 마무리로, 존중의 약속을 만든 소감을 나눈다. 교사는 다음과 같이 안내한다.

활동 결과

존중의 약속 사례 학생이 선생님에게	존중의 약속 사례 나와 친구가
○ 매일 인사합니다. ○ 선생님 말에 귀 기울이고, 수업을 방해하지 않겠습니다. ○ 참여할 때 열심히 활동합니다. ○ 나쁜 말을 쓰지 않겠습니다. ○ 선생님 물건을 함부로 만지지 않겠습니다. ○ 선생님을 도와줍니다. ○ 급식실에 갈 때 장난치지 않겠습니다. ○ 지각하지 않겠습니다.	○ 친구의 말을 끝까지 잘 들어줍니다. ○ 같이 놀아도 되냐고 말하면 놀이에 끼워줍니다. ○ 친구들에게 안 좋은 말, 놀리는 말을 하지 않습니다. ○ 친구들과 싸우지 않고, 사이좋게 지냅니다. ○ 그만하라고 하면 그만두고, 친구를 배려하고 양보합니다. ○ 폭력을 쓰거나 몸 장난을 하지 않습니다. ○ 친구들이 도와달라고 하면 도와줍니다. ○ 물건을 빌리면 조심히 사용하고 돌려줍니다.

- 학생들이 만든 존중의 약속은 대체로 비슷하지만, 학급의 특성과 담임 교사가 평소 강조한 생활교육 방향에 따라 세부 내용이 달라진다. 예를 들어, 서로 돕는 문화를 강조했던 학급에서는 '서로 돕는다'는 항목이 포함되었고, 생명과 자연을 아끼는 분위기의 학급에서는 '곤충을 잡지 않고 풀어준다'는 문구가 등장하기도 했다.

- 선생님이 학생에게 하는 존중의 약속 항목을 보며, 학생들은 선생님에게 많은 것을 바라는 것이 아니라는 생각이 들었다. 학생들이 바라는 선생님은 단지 이야기를 들어주고, 인사를 받아주며, 공부를 도와주고, 칭찬해주며, 다툼을 중재하고, 화를 잘 내지 않는 선생님이었다.

- 동학년 교사들과 협의하여 선생님이 학생에게 하는 존중의 약속을 함께 게시해도 좋을 것 같다.

Tip ①

저학년의 경우 '존중의 약속 만들기' 신뢰서클을 단순화해 운영할 수 있다. 예를 들어 1학년 대상 활동 흐름은 다음과 같다.

'존중의 약속 만들기' 신뢰서클 (1학년용 예시)	'나는 나를 어떻게 대해주는 친구가 좋은가요?' 돌아가며 이야기 나누기 ↓ '그동안 내가 친구들과 선생님에게 했던 행동 중 고치고 싶거나 반성하는 행동은 무엇인가요?' 돌아가며 이야기하고 그러지 않도록 다짐하기 ↓ '우리 반 약속으로 정하고 싶은 것은 무엇인가요?' 육각보드판에 글과 그림으로 표현하고, 센터피스에 내려놓으며 발표하기

Tip ②

존중의 약속을 정할 때 부정 표현(~하지 않기) 대신 긍정 표현(~하기)으로 바꾸어보도록 한다. 긍정 표현은 학생들에게 금지보다는 실천의 방향을 제시해 적극적인 행동을 이끌어낸다.

Tip ③

교육과정 내 존중 관련 단원이나 수업 내용이 있다면, 신뢰서클 이전에 1차시 정도로 관련 수업을 진행하면 더욱 효과적이다.

Tip ④

존중의 약속은 만드는 과정보다 이후 학급 생활 속에서 어떻게 살아 움직이게 할 것인가가 중요하다. 교실 내 갈등 상황이 발생하면 먼저 존중의 약속을 다시 확인하고, 그 약속 앞에서 자신의 행동을 성찰하도록 한다. 만약 학생이 스스로 잘못을 인정하지 않는다면, 별도의 상담을 통해 성찰을 돕는다.

Tip ⑤

'존중의 약속 만들기'는 학기 초 공동체 세우기 활동과 연계해 운영하는 것이 좋다. 다만 학기 중 갈등이 잦아지거나 약속의 실천력이 약화된 경우, 학기 중 또는 학기 말에 다시 한 번 존중의 약속을 점검하고 수정하는 시간을 갖는 것도 의미가 있다.

5월 학생 신뢰서클
: 나에게 소중한 물건

운영 목적

5월 신뢰서클은 소중한 물건에 담긴 이야기를 나누며 친구를 이해하고, 학급 내 다양한 친구 관계를 확장하기 위한 목적으로 실시하였다. 학기 초 형성된 친한 친구 관계에서 벗어나 새로운 친구들에게 관심을 갖게 하고, 자기소개에 부담을 느끼는 학생들도 자신의 이야기를 편안하게 나눌 수 있도록 돕는 데 중점을 두었다. '소중한 물건'이라는 매개를 통해 학생들은 자신의 역사와 정체성을 자연스럽게 드러내며, 서로의 이야기를 경청하는 과정을 경험하였다.

활동 흐름

① 여는 의식

- 둥글게 자리 배치하고 앉기
- 가져온 소중한 물건을 의자 밑에 내려두기

② 여는 질문 및 활동

- '선물 왔어요' 놀이하기
- 내가 가장 기분이 좋을 때는 언제인가요?
- 훨훨 나는 새가 된다면 어디로 가서 무엇을 하고 싶나요?

③ 주제 질문 및 활동

- 나에게 소중한 물건은 무엇이며, 그 이유는 무엇인가요?

④ 닫는 의식

- 소감 나누기

활동 내용

■ 둥글게 자리를 배치하고, 각자 가져온 소중한 물건을 의자 밑에 내려둔다.

■ '선물 왔어요' 놀이를 하며 자연스럽게 긴장을 풀고 분위기를 밝게 만든다. 이 놀이는 교사가 상자 하나를 준비해 모두 함께 "선물 왔어요!"라고 외치며 시작한다. 상자를 받은 학생은 안에 자신이 받고 싶은 선물이 있다고 상상하고, 그 선물을 몸짓이나 짧은 대사로 표현한다. 다른 친구들은 그 선물이 무엇인지 손을 들어 맞춘다.

■ 여는 질문으로 '내가 가장 기분이 좋을 때는 언제인가요?', '훨훨 나는 새가 된다면 어디로 가서 무엇을 하고 싶나요?'를 차례로 나눈다. 생각이 잘 나지 않는 학생은 옆 친구에게 이야기 막대를 넘겨도 되며, 두 번째 원에서는 앞서 이야기하지 않았던 학생들이 반드시 발언할 수 있도록 하여 모든 학생이 참여하는 원형 대화가 되도록 한다.

■ 주제 질문으로 나에게 소중한 물건과 그 이유를 돌아가며 이야기한다. 자신의 차례에 소중한 물건을 소개하고, 그 물건이 담고 있는 추억이나 의미를 나눈다. 교사는 내 이야기를 하는 것보다 다른 친구의 이야기를 주의 깊게 듣는 태도가 더욱 중요하다는 점을 강조한다.

■ 마무리로 소감을 나누며 신뢰서클을 마친다. 만약 학생이 개인적이거나

민감한 사생활을 이야기했다면, 교사는 신뢰서클의 비밀 보장 원칙을 다시 한번 환기하여 학생들이 안전한 분위기 속에서 대화를 이어갈 수 있도록 한다.

활동 결과

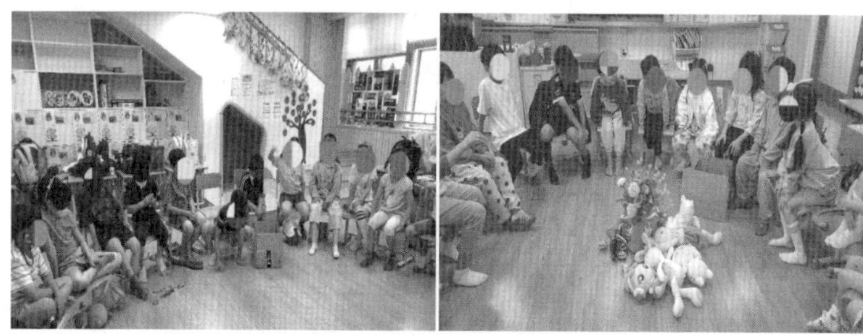

- 여는 질문에서 학생들은 대부분 '친구와 놀 때', '가족과 함께할 때' 기분이 가장 좋다고 응답하였다.
- '훨훨 나는 새가 된다면'이라는 질문에는 '남극에서 펭귄 보기', '북극에서 눈사람 만들기', '다른 나라 여행하기', '하늘을 자유롭게 날기', '멋진 풍경 보기' 등 다채로운 상상이 이어졌으며, 하늘나라에서 그리운 사람을 만나고 싶다는 감동적인 답변도 있었다.
- 학생들이 가져온 소중한 물건은 매우 다양했다. 직접 조립한 장난감, 부모님께 받은 선물, 여행지에서의 기념품, 자신이 오랫동안 수집해온 물건 등 각자의 삶과 추억이 담긴 이야기가 가득했다.
- 친구의 이야기를 들으며 서로를 새롭게 이해하고 공감하는 시간이 되었고, 활동 후 이어진 국어 시간에 나에게 소중한 물건을 주제로 글쓰기를 하자, 학생들의 글쓰기 동기가 높아지고 내용 또한 훨씬 풍성해지는 효과가 있었다.

💡 운영 팁(Tip)

Tip ①

사전에 다음 시간에 '나에게 소중한 물건'을 주제로 신뢰서클을 진행할 예정임을 안내한다. 자랑하고 싶은 물건이 아니라 소중한 추억이 담긴 의미 있는 물건을 가져오도록 하고, 서로의 물건은 비웃지 않고 진지하게 들어주기로 약속한다.

Tip ②

가져온 물건을 각자 의자 밑에 두는 대신, 센터피스 주변에 모아두었다가 자신의 차례에 가져와 소개하는 방식으로 운영해도 좋다. 이 방법은 친구들이 가져온 물건을 한눈에 볼 수 있고, 불필요한 주의 분산을 막을 수 있다.

Tip ③

저학년의 경우 소중한 물건이 주로 인형이나 장난감일 때가 많다. 학교에서는 장난감을 가져올 기회가 거의 없기 때문에, 신뢰서클을 점심시간 전에 진행하고, 이후 점심 놀이 시간에 가져온 물건으로 자유롭게 놀 수 있도록 허용하면 활동 만족도가 높아진다.

6월 학생 신뢰서클
: 교실에서 나의 위치

운영 목적

6월 신뢰서클은 교실 공동체의 관계를 돌아보고, 보다 건강한 공동체 문화를 만들기 위한 목적으로 운영하였다. 이 활동은 교사와 학생 모두가 교실 속 관계의 모습을 직관적으로 살필 수 있도록 돕는다.

관계 속 나의 위치를 직접적으로 드러내는 활동이므로, 고학년보다는 저·중학년 학생들에게 적합하다. 특히 학생 간 관계 형성이 어느 정도 마무리되는 5~6월경에 실시하면 효과적이다.

학생들의 이름이 적힌 종이컵을 교사가 미리 준비하거나, 통합·미술 교과와 연계하여 종이컵 인형 만들기 활동을 1차시(40분)로 진행할 수도 있다.

이 활동을 통해 학생들은 교실의 모습을 객관적으로 바라보고, 나와 친구에서 우리 반 전체로 관심과 시야를 넓힐 수 있다.

활동 흐름

① 여는 의식

- 둥글게 자리 배치하고 앉기
- 사각 모포(또는 종이테이프로 사각형 표시)와 종이컵 인형 준비

② 여는 활동

- 눈맞춤 인사 나누기
- 각자의 종이컵 인형 내려놓기

③ 주제 질문 및 활동

- 종이컵 인형으로 살펴본 우리 교실은 어떤 모습인가요?

  그 이유는 무엇인가요?

- 선생님의 종이컵 인형은 어디에 있으면 좋을까요?

  그 이유는 무엇인가요?

- 더 나은 우리 반을 위해 내가 할 수 있는 일은 무엇일까요?

  (역할 라벨 작성)

④ 닫는 의식

- 소감 나누기
- 역할 라벨 감상하기

활동 내용

■ 둥글게 자리를 배치하고 앉는다. 사각 모포를 센터피스로 두고 각자의 이름이 적힌 종이컵 인형을 준비한다.

■ 잠시 서로 눈을 맞추며 인사를 나눈 뒤, 사각 모포를 우리 교실이라 생각하고 자신이 있다고 느끼는 위치에 종이컵 인형을 내려놓는다. 비유적 사고가 어려운 학생의 경우, 가까운 친구의 종이컵 인형 옆에 내 종이컵 인형을 두기로 안내한다. 위치를 바꾸고 싶은 학생은 한두 번 정도 더 옮길 수 있도록 한다.

■ 교사는 주제 질문을 던져 대화를 이끈다. 첫 번째 질문: "종이컵 인형으로 본 우리 교실은 어떤 모습인가요? 그 이유는 무엇인가요?"에 이어 "선생님

의 종이컵 인형은 어디에 있으면 좋을까요? 왜 그렇게 생각하나요?"를 함께 나눈다.

■주제 활동으로, 더 나은 우리 반을 만들기 위해 내가 할 수 있는 일을 이야기하고, 그 내용을 역할 라벨에 적어 종이컵 인형 뒤에 붙인다.

■서클을 마치며 소감을 나눈다. 이때 상처받는 학생이 없도록 교사가 따뜻한 언어로 정리 발언을 한다.

> "나와 멀리 있는 친구와도 놀아본다는 ㅁㅁ의 생각이 참 멋지네요. 지금 친구가 많고 적은 것은 중요하지 않아요. 중요한 것은 어떤 친구와도 친하게 지낼 수 있는 넓은 마음을 갖는 것입니다. 우리는 모두 다르기 때문에, 각자에게서 배울 점이 있어요."

■활동이 끝난 후 종이컵 인형을 교실에 전시해 서로의 종이컵 인형과 역할 라벨을 감상하도록 안내한다.

활동 결과

- 종이컵 인형이 놓인 교실의 관계 지형도를 통해 학생들은 소그룹, 대그룹, 또는 아직 밀접한 관계를 맺지 못한 친구들의 모습을 한눈에 볼 수 있었다.

- 학생들은 '종이컵 인형이 모여 있어서 신기하다', '별로 친하지 않다고 생각했는데 내 종이컵 인형 옆에 두어서 놀랐다', '종이컵 인형을 옮기지 않고 그대로 둬서 고맙다' 등 다양한 소감을 나누었다.

- 교사의 위치에 대해서는 '선생님은 모두를 관찰해야 하니까 가운데 있어야 한다', '싸우는 친구들 옆에 있으면 좋겠다', '선생님이 외로울 것 같아 도와드려야겠다' 등의 의견이 나왔다.

- 더 나은 우리 반을 위해 내가 할 수 있는 일로는 한 친구와만 놀지 않고 여러 친구들과 어울리기, 친구들과 싸우지 않기, 먼저 같이 놀자고 말하기, 친구에게 고마운 마음 표현하기, 친절하게 대하기, 친구의 이야기에 공감해주기 등의 다짐이 있었다.

Tip ①

활동 전 사전 준비로 종이컵 인형을 만든다. 얼굴은 색종이로 접고 눈·코·입을 그린 뒤, 아이스크림 막대를 테이프로 붙인다. 몸통과 팔은 색칠 후 오려 붙여 각자의 개성을 살린다. 종이컵 인형을 만들지 않고, 교사가 학생 이름이 적힌 종이컵을 일괄 준비해도 무방하다.

Tip ②

종이컵 인형을 놓을 때 친구의 위치에 따라 자신의 종이컵 인형을 두므로, 다른 친구의 종이컵 인형이 어디에 놓이는지 주의 깊게 살피도록 안내한다. 모포 안 종이컵 인형의 위치가 변하거나 쓰러지지 않도록 주의시킨다.

본 활동 전후로 자아존중감을 높이는 프로그램을 연계하면 더욱 효과적이다. 특히 관계에서 상처를 받을 가능성이 있는 학생이 있는지 사전에 충분히 살펴본 뒤 실시 여부를 결정해야 한다. 아래는 1학년을 대상으로 했었던 자아존중감 높이기 사전 수업 예시이다.

'자아존중감 높이기' 사전수업(예시)	의자를 두고 둥글게 앉아 '칭찬합니다. 왜요?' 놀이를 진행하기 ※ 칭찬합니다. 왜요? 놀이 방법 ① 의자를 학생 수보다 1개 적게 둔다. 　술래가 한 친구에게 다가가 "칭찬합니다."라고 말한다. ② 다른 친구들이 "왜요?"라고 물으면 　술래는 칭찬하는 이유를 말하고, 　나에게도 해당되는 칭찬이라고 생각하는 친구들이 자리를 바꾼다. ③ 자리를 찾지 못한 학생이 술래가 되어 　다시 놀이를 진행한다. ↓ 친구들에게 들은 칭찬을 바탕으로 나에게 주는 칭찬 상장 만들기

7월 학생 신뢰서클
: 학기말 마무리(되돌아보기)

운영 목적

7월의 신뢰서클은 한 학기 동안 우리 반에서 있었던 일들을 돌아보고, 그 속에서의 나와 우리를 성찰하기 위한 목적으로 운영하였다. 학생들은 지난 시간을 함께 되짚으며 서로의 성장을 확인하고, 더 나은 2학기 공동체를 다짐하는 의미 있는 시간을 가졌다.

활동 흐름

① 여는 의식

- 둥글게 자리 배치하고 앉기
- 1학기 학급 활동 사진 및 가치 목록표 준비

② 여는 활동

- '전기 파도 놀이' 하기
- 우리의 시간을 돌아봐요! – 학급 활동 사진 함께 살펴보기

③ 주제 질문

- 우리 반에서 잘 실천했다고 생각하는 가치는 무엇이며, 그렇게 생각한 이유는 무엇인가요?
- 우리 반에서 잘 실천되지 않았다고 생각하는 가치는 무엇이며, 그 이유는 무엇인가요?
- 한 학기 동안 있었던 일 중 나에게 가장 소중한 순간(혹은 물건, 상황

등)을 타임캡슐에 담는다면 무엇을 담고 싶나요? 그 이유는 무엇인가요?

④ 닫는 의식

- 한 학기를 마무리하는 마음 나누기
- 2학기의 나를 떠올리며 명상하기

활동 내용

■ 둥글게 자리를 배치하고 앉는다. 1학기 동안 학급에서 찍었던 활동 사진들을 준비한다.

■ 여는 활동으로 '전기 파도 놀이'를 한다. 모두가 집중하여 아슬아슬하게 이겼을 때 재미가 있고, 교사가 한참 뜸을 들였다가 전기를 보내면 긴장감 속에 학생들끼리 전기가 잘못 전달되기도 하여 재미를 유발할 수 있다. 놀이의 진행 방법은 아래와 같다.

① 반을 두 팀으로 나누어 원형으로 앉고, 양쪽 끝에 의자를 하나씩 둔다. 한쪽에는 교사가, 다른 쪽에는 우리 반 인형이 앉는다.

② 교사가 양쪽 학생의 손을 살짝 잡았다 놓으며 전기를 전달하면, 학생들은 순서대로 손을 잡으며 전기를 전달한다.

③ 마지막 학생이 인형을 먼저 잡으면 그 팀이 승리한다.

④ 이후 마지막에 참여한 학생은 교사 옆으로 자리를 옮기고, 나머지 학생들은 한 칸씩 이동하며 놀이를 반복한다.

■ 놀이가 끝난 후, 학급 활동 사진을 보며 한 학기 동안의 사건과 감정을 함
　께 돌아본다.

■ 학기 초에 만들었던 가치 목록표를 다시 살펴보며, 우리 반이 한 학기 동
　안 잘 지켜온 가치와 아쉬웠던 가치를 이야기한다. 교사는 '2학기에는 실
　천하지 못했던 가치를 중심으로 다시 노력해보자'는 메시지로 대화를 마
　무리한다.

■ 한 학기를 돌아보며 느낀 점과 소감을 나눈다. 교사는 학생들의 감정 표현
　을 긍정적으로 되짚어주고, 마지막에는 2학기의 나를 떠올리며 짧은 명상
　의 시간을 가진다.

활동 결과

- 학생들은 우리 반이 잘 실천한 가치로 명료함과 투명성, 도움과 협력, 공동체 의식과 소속감 등을 꼽았다. '잘못을 솔직하게 인정하고 사과했기 때문에 명료함의 가치를 실천했다.', '문제를 풀 때 어려워하는 친구를 도와 협력했다.', '학교 행사에서 단결된 모습을 보여주어 공동체 의식을 느꼈다.'는 의견이 있었다.

- 반면, 잘 실천되지 않았던 가치로는 안전과 안정, 따뜻함과 부드러움이 언급되었다. '체육 시간에 경쟁이 과열되어 안전의 가치를 지키지 못했다.', '친구들에게 따뜻하게 말하지 못했던 점이 아쉬웠다.'와 같은 의견이 있었다.

Tip ①

학기말 마무리 신뢰서클은 학년 수준에 따라 다양하게 변형할 수 있다. 저학년의 경우 활동을 단순화하여 좋.아.바(좋았던 점, 아쉬웠던 점, 바라는 점) 형식으로 진행하거나, 칭찬·축하·감사 나눔을 중심으로 구성해도 좋다.

Tip ②

신뢰서클 후 공동체 결속을 강화하는 후속 활동을 함께 진행하면 더욱 효과적이다. 아래는 4학년 학급에서 실시한 후속 수업의 예시이다.

'공동체 결속 강화' 사후수업(예시)	우리 반의 성격에 대해 3가지씩 입력 후 우리 반을 대표하는 가상의 인물 □□□의 성격 알아보기 (멘티미터 활용, 스마트패드로 QR코드 이용하여 접속) ↓ '우리 반은 네모다, 왜냐하면~' 활동지 작성하고 이야기 나누기

8월 학생 신뢰서클
: 방과 후 소규모 집단 상담

운영 목적

8월 신뢰서클은 방과 후 소규모 집단 상담을 통해 학생들을 깊이 이해하고, 교우 관계 형성에 도움을 주기 위해 실시하였다. 2학기 개학 직후에 진행되었으며, 사전에 학부모 동의를 얻은 뒤 학생이 참여 가능한 날짜를 조사하여 그룹을 구성하였다. 한 차시 상담은 약 40분에서 50분 정도 소요되었다.

방과 후에 진행된 소규모 집단 상담은 학생들이 보다 친밀한 분위기 속에서 속마음 이야기를 나누고, 기존에 친하지 않았던 친구와 새로운 관계를 맺을 수 있는 기회를 제공하였다. 교사 또한 학생들의 정서적 상태와 관계적 특성을 세밀히 파악할 수 있었다.

활동 흐름

① 여는 의식

- 소모임 자리 배치 및 놀이 공간 마련
- 준비물 준비
- 참여 학생들과 인사 나누기
- 집단 상담의 목적과 기대하는 바 안내

② 여는 활동

- '해본 적이 있나요?' 놀이하기

③ 주제 활동(마음 연결)

- 마음 활동지 작성 후 바구니에 넣기

- 바구니를 돌리며 한 장씩 뽑아 읽고, 누가 쓴 글인지 추측하기

- 궁금한 내용 질문하기

④ 주제 질문

- 나에게 가장 힘들거나 슬펐던 일은 무엇인가요?

- 요즘 나의 고민은 무엇인가요?

- 이번 학기 친구들과 선생님에게 받고 싶은 도움은 무엇인가요?

- 더 친해지고 싶은, 또는 도움이나 힘을 주고 싶은 친구가 있다면 누구
  인가요?

⑤ 닫는 의식

- 활동 소감 나누기

- 격려 메시지를 책갈피에 적어 자신에게 선물하기

활동 내용

■ 4~6명으로 구성된 소모임 형태로 책상과 의자를 배치하고, 앞쪽에는 놀이 공간을 마련한다. 준비물은 원 마커 또는 퍼즐 매트, 마음 활동지, 좋은 문구 출력물, 무지 책갈피, 캘리그라피펜, 필기구 등이다. 교사는 참여한 학생들과 인사를 나눈 뒤, 이번 집단 상담의 목적과 기대에 대해 이야기한다.

■ '해본 적이 있나요?' 놀이를 한다. 이 놀이는 학생들이 마음을 열고 자연스럽게 관계를 맺을 수 있도록 돕는다. 술래가 가운데에 원 마커를 밟고 서 있고, 나머지 학생들은 각자 원 마커 위에 서서 술래를 동그랗게 둘러싼다. 술래는 자신이 경험한 일을 다른 사람들도 겪은 적이 있는지 질문한다. 같은 경험을 한 사람은 술래의 원마커를 발로 찍은 뒤 다른 자리로 이동한다. 술래도 빈 자리로 이동하며, 자리를 찾지 못한 사람은 새로운 술래가 된다. 놀이가 끝난 후에는 인상 깊었던 질문이나 경험에 대해 이야기하며 깊이 있는 대답을 들어보아도 좋다.

■ 자리에 앉아 서로의 이야기를 좀 더 진지하게 나누도록 한다. 학생들은 마음 활동지를 작성한 뒤 접어 바구니에 넣는다. 바구니를 돌리며 한 장씩 뽑아 내용을 읽고, 누가 썼는지 추측하며 궁금한 점을 질문한다.

■ 돌아가며 주제 질문을 나눈다. 내가 힘든 일이나 고민, 도움 받고 싶은 것, 친해지거나 도움을 주고 싶은 친구에 대해 이야기한다. 교사는 어떤 이야기든 비판 없이 수용될 수 있는 분위기를 조성하는 것에 힘쓴다.

■ 상담 전과 후의 마음 변화를 이야기하며 소감을 나눈다. 마지막으로 교사가 준비한 격려 문구 중 하나를 선택해 책갈피에 적고, '나에게 보내는 선물'로 삼는다.

"불안과 걱정, 자신감 부족은 누구에게나 있을 수 있는 일입니다.
이 책갈피 속 문구들을 보면서 어떠한 상황에서도 자신을 긍정적
으로 바라보고 힘을 내었으면 좋겠어요."

활동 결과

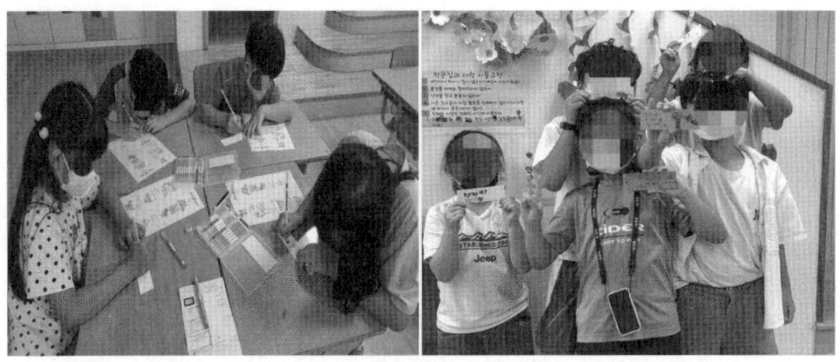

- 학생들은 '방과 후 상담이 궁금했는데 너무 재미있어서 시간이 금방 갔다.', '친해지고 싶던 친구와 마음을 표현하며 가까워질 수 있어서 좋았다.'는 소감을 전했다.

- 교사 역시 '한 시간이 이렇게 빨리 가다니'하고 놀라며 재미있어하는 학생들 덕분에 힘들기도 했지만 뿌듯했다. 별것 아닌 활동인데도 방과 후에 몇 명만 남아서 이야기를 나눈다는 것이 특별하게 여겨졌던 것 같다.

- 학생들에게 심각한 이야기나 고민거리가 없을 것이라고 생각한 것과는 달리 친구 관계나 죽음을 주제로 다소 무거운 이야기들이 오고 가기도 했다.

- 소규모로 진행된 집단 상담은 학생들이 새로운 친구를 알게 되고 교우 관계를 확장하는 계기가 되었으며, 개별상담에서는 느끼기 어려운 집단의 힘을 경험하는 기회가 되었다.

Tip ①

사전에 학급 밴드를 통해 소집단 상담을 안내하고, 학생의 참여 가능 시간을 조사하여 상담 일정을 계획한다. 8월 개학 후 2주 동안 6일에 걸쳐 4~6명씩 참여하는 방과 후 소규모 집단 상담을 실시하였으며, 대부분의 학생이 참여하였다.

Tip ②

'해본 적이 있나요?' 놀이를 진행할 때 질문을 어려워하는 학생들을 위해 간단한 예시를 제시한다. "후드티를 입어본 적이 있나요?", "기차를 타 본 적이 있나요?", "김치를 먹어본 적이 있나요?"와 같은 간단한 질문부터 "이성 친구를 사귀어본 적이 있나요?", "가까운 사람의 죽음을 경험해본 적이 있나요?"와 같이 보다 개인적이고 내면에 숨겨진 질문들도 가능하다. 참여자들의 지지와 격려 속에서 숨겨진 경험을 편안하게 나누는 분위기를 만드는 것이 중요하다.

Tip ③

마음 연결 활동지는 다음 네 가지 질문으로 구성하였다.

– 나를 색깔로 비유한다면?

– 초능력을 한 가지 가질 수 있다면 어떤 능력을 갖고 싶은가?

– 당신이 정말 나를 안다면 내가 관심 있는 것은?

– 당신이 정말 나를 안다면 내가 고민하는 것은?

9월 학생 신뢰서클
: 의미 있는 역할

운영 목적

1인 1역은 학급 내에서 각자의 역할을 나누어 맡음으로써 학생들이 공동체 속에서의 소속감을 느끼고, 자신이 가치 있는 존재임을 인식하게 하는 효과적인 학급 경영 방법이다. 9월의 신뢰서클은 교사가 정해준 역할 대신, 우리 반에 필요한 역할을 학생 스스로 설정하도록 하는 것을 목표로 하였다.

고학년의 경우 학기 초에 실시하면 좋고, 저학년의 경우 공동체 의식이 어느 정도 형성되고 자신이 맡은 역할에 대한 책무감이 발달한 시점에 진행하는 것이 효과적이다. 이미 1인 1역 경험이 많은 고학년은 학생 스스로 우리 반에 필요한 역할을 탐색하도록 하고, 경험이 적은 저학년은 역할 목록표를 제시하여 참고할 수 있도록 한다. 활동 후 정해진 역할은 칠판 앞에 게시하여 수시로 확인하고 실천할 수 있도록 하였다.

이처럼 교사가 일방적으로 역할을 부여하는 방식이 아니라, 학생들이 필요를 느껴 자율적으로 지원한 역할을 맡음으로써 학급 구성원 모두가 공동체 안에서 의미 있는 역할자로 참여할 수 있었다.

활동 흐름

① 여는 의식

- 둥글게 자리 배치하고 앉기
- 그림책 『모두를 위한 케이크』, 역할 목록표(예시용), 역할 희망서 준비하기

② 여는 활동

- '꼬인 손 풀기' 놀이하기
- 그림책『모두를 위한 케이크』 읽기

③ 주제 질문 및 활동

- 우리 반에 필요한 역할은 무엇일까?
- 역할 희망서 작성하기 (하고 싶은 역할과 이유)
- 내가 맡고 싶은 역할과 이유 공유하기
- 역할에 어울리는 친구 투표하기

④ 닫는 의식

- 활동 소감 및 다짐 나누기

활동 내용

■ 학생들과 둥글게 자리를 배치하고 앉는다. 그림책『모두를 위한 케이크』, 예시용 역할 목록표, 역할 희망서 종이를 준비한다.

■ 공동체 안에서의 관계성과 연결성을 느낄 수 있도록 '꼬인 손 풀기' 놀이를 진행한다. 방법은 오른손을 위로, 왼손을 아래로 하여 옆 친구와 엇갈려 손을 잡고 큰 원을 만든 뒤, 잡은 손을 놓지 않고 꼬인 손을 풀어내는 것이다. 처음부터 전체 인원이 함께하기 어려울 경우, 2명 → 4명 → 8명으로 인원을 점차 늘려 진행한다.

■ 놀이가 끝나면 자리에 앉아 그림책『모두를 위한 케이크』를 읽어 준다. 직

접 읽어주는 것이 가장 좋지만, 필요에 따라 영상 시청도 가능하다. 이 그림책은 1인 1역 활동의 취지와 필요성을 자연스럽게 공감하도록 돕는다. 놀이로 고조된 분위기를 안정시키는 데에도 도움이 된다. 그림책 내용을 소개하면 아래와 같다.

> 밀가루, 설탕, 사과, 계피, 건포도, 그리고 마지막으로 달걀 한 개를 구해 케이크를 만들게 된 생쥐와 친구들의 이야기다. 재료를 모으는 데 참여하지 않은 생쥐에게도 케이크를 나누어 주어야 할지 고민하지만, 결국 함께 나눈다는 결론에 이르는 따뜻한 이야기로, 협력과 나눔의 가치를 상징한다.

■ 그림책을 읽은 후, '꼬인 손 풀기'처럼 학급이 원활히 운영되기 위해서는 모두의 역할이 필요함을 이야기한다. 학생들은 돌아가며 우리 반에 필요한 역할을 제안하고, 교사는 이를 기록한다. 이후 각자 역할 희망서를 작성한다(1·2순위 기입). 저학년의 경우 예시 역할 목록표를 제시하여 선택을 돕는다.

■ 작성한 역할 희망서를 바탕으로, 학생들이 돌아가며 맡고 싶은 역할과 이유를 발표한다. 가능한 한 희망한 역할을 맡을 수 있도록 하되, 한 역할에 여러 명이 지원할 경우 추가 설명 후 친구들의 투표로 결정한다. 모든 학생이 반드시 역할을 맡을 필요는 없으며, 자발적 참여를 원칙으로 한다.

■ 마지막으로 오늘 활동을 통해 느낀 점이나 앞으로의 다짐을 나눈다. 정해진 역할은 칠판 앞에 게시하여 지속적으로 실천하도록 안내한다.

- 희망하지 않아도 된다고 안내했음에도 불구하고, 학급의 모든 학생이 자발적으로 한 가지 이상의 역할을 맡았다.

- 1인 1역이 지속적으로 실천되기 위해서는 교사와 친구들의 긍정적 피드백이 중요하다. 필자는 매주 금요일 하교 전 체크아웃 서클 시간을 활용하거나, 교실 게시판의 칭찬 쪽지(우체통)를 통해 학생들의 역할 수행을 칭찬하고 격려하는 방법으로 지속적인 실천을 독려하였다.

Tip ①

예시용 역할 목록표는 이전 학년도 학생들이 사용했던 1인 1역표를 활용하면 좋다. 실제 사례를 보여줌으로써 학생들이 역할의 의미를 쉽게 이해하고, 우리 반 상황에 맞게 새로운 아이디어를 떠올릴 수 있다.

Tip ②

'꼬인 손 풀기' 놀이의 구체적인 방법은 다음과 같다. 2명이 할 때에는 함께 도는 것이 아니라 한 사람만 안쪽으로 돌아야 꼬인 손이 풀린다. 4명 이상이 할 경우에는 먼저 등을 맞대고 바깥을 향해 손을 푼 뒤, 두 명이 손을 들어 대문을 만들어 주고, 다른 친구들이 한 명씩 그 대문을 통과하면 된다. 이 과정에서 학생들이 스스로 방법을 탐구하고, 성공한 학생이 자연스럽게 방법을 알려주는 역할자가 될 수 있도록 유도하면 좋다.

Tip ③

역할 희망서를 작성할 때, 내가 원하는 1인 1역을 하고 싶은 이유와 잘 할 수 있는 이유를 구체적으로 쓰도록 안내한다. 여러 명이 같은 역할을 희망할 경우, 설득력 있는 이유를 제시한 학생이 선택될 가능성이 높다는 점을 미리 이야기하면, 학생들이 자신의 생각을 더 진지하게 정리하고 성의 있게 작성하게 된다.

Tip ④

교사가 보기에 반드시 필요한 역할이 있으나 학생들의 희망서에 포함되지 않은 경우, '이런 이유로 이런 역할이 꼭 필요하다'는 점을 솔직하게 설명하면 된다. 대부분의 학생은 교사를 돕고 학급을 위해 기여하고 싶어하기 때문에, 교사의 진심이 전해지면 자연스럽게 자원자가 생기게 마련이다.

Tip ⑤

1인 1역이 지속적으로 실천되기 위해서는 책임감과 함께 역할 수행의 보람이 느껴져야 한다. 모든 학생이 책임감 있게 역할을 수행하도록 만드는 것은 현실적으로 쉽지 않으며, 강요나 점검 중심의 운영은 본래의 취지와 맞지 않는다. 반대로 전적으로 자율에 맡기면 일부 학생만 성실히 참여하고, 그렇지 않은 학생들로 인해 불만이 생길 수 있다.

따라서 교사는 학급 실정에 맞게 지속적인 독려 장치를 마련해야 한다. 예를 들어, 체크아웃 서클 시간에 칭찬을 나누거나, 교실 게시판에 칭찬 쪽지함(우체통)을 두어 서로 격려하도록 하는 방법 등이 있다. 이러한 장치는 학생들이 역할을 통해 공동체의 의미와 성취감을 지속적으로 느낄 수 있도록 도와준다.

9월 학생 신뢰서클
: 놀이 및 체험학습

운영 목적

9월 신뢰서클은 나들이와 체험활동이 어울리는 가을을 맞아, 학생들에게 보다 의미 있는 공동체 경험을 제공하기 위해 실시하였다. 활동 시기는 계절적 특성을 살려 9월 또는 10월에 진행해도 좋다.

이 활동의 핵심은 특별한 장소나 프로그램이 아니라, 학교 주변의 의미 있는 공간을 찾아 함께 가을을 느끼고 추억을 쌓는 것이다. 학생들은 모둠별로 착시 사진 미션을 수행하고, 자신들이 기획한 놀이 활동을 통해 체험학습의 주체가 된다. 사전에 놀이 경험에 대한 신뢰서클을 운영하여 학생들이 가진 놀이 경험과 추억, 놀이 문화를 공유함으로써, 체험학습의 장소와 활동을 스스로 구상할 수 있도록 돕는다. 또한 가을 나들이를 교육과정과 연계하거나 재구성하여 '나들이 전-중-후 활동'으로 확장하면 더욱 풍성한 교육적 경험이 된다.

정해진 프로그램을 단순히 따라가기보다, 학생들이 직접 계획하고 실행한 나들이를 통해 공동체적 의미와 주체적 참여의 즐거움을 느끼는 데 목적이 있다.

활동 흐름

① 여는 의식

- 둥글게 자리 배치하고 앉기

② 여는 질문 및 활동

- '혼자 왔어요' 놀이하기
- 학교 및 학교 주변에서 내가 가장 좋아하는 장소는 어디인가요?
  그 이유는 무엇인가요?

③ 주제 질문

- 요즘 내가 좋아하는 놀이는 무엇인가요?
- 학교 주변으로 나들이를 간다면 어디로 가면 좋을까요?

④ 주제 활동

- 모둠별 체험학습 활동 계획하기
  1) 재미있는 모둠 착시 사진 정하기
  2) 모둠별 놀이 정하기

⑤ 닫는 의식

- 체험학습(가을 나들이) 활동 안내
- 안전 수칙 이야기 나누기

활동 내용

■ 학생들과 함께 둥글게 자리를 배치하고 앉는다.

■ '혼자 왔어요' 놀이를 한다. 먼저 시작할 학생을 정하고, 그 학생부터 1-2-3-4-3-2-1-모두의 순서로 만세 동작을 하며 구호를 외친다. 예를 들어, 첫 번째 학생이 "혼자 왔어요!"라고 외치면, 이후 두 명이 "둘이 왔어

요!", 세 명이 "셋이 왔어요!"라고 이어간다. 네 명까지 갔다가 다시 세 명, 두 명, 한 명으로 줄이며, 마지막에는 모두 함께 "모두 왔어요!"를 외치면 성공이다. 중간에 실수한 학생이 있으면 간단한 운동(스쿼트 3회, 팔벌려 뛰기 3회 등)을 벌칙으로 수행해 부담 없이 웃으며 참여할 수 있도록 한다.

■ '혼자 왔어요' 놀이가 성공하면 오늘의 활동이 놀이와 체험학습 기획으로 이어질 것임을 안내한다. 첫 번째 여는 질문으로 학교 및 학교 주변에서 내가 좋아하는 장소와 그 이유를 돌아가며 나눈다.

■ 이제 주제 질문에 대해 돌아가며 이야기 나눈다. 첫 번째 주제 질문은 요즘 내가 좋아하는 놀이에 대한 것이고, 두 번째 주제 질문은 학교 주변으로 가을 나들이를 간다면 어디로 가면 좋을지에 대한 것이다. 비슷한 의견이 나와도 각자의 목소리로 이야기하도록 하여, 자신의 생각을 표현하는 경험을 중요하게 다룬다.

■ 교사는 학생들에게 모둠별로 체험학습 활동을 계획할 것임을 안내한다. 첫 번째 과제는 재미있는 착시 사진을 찍는 미션을 정하는 것이고, 두 번째는 함께 즐길 놀이를 정하는 것이다. 각 모둠은 체험학습 미션 활동지를 받아 상의 후 구체적인 내용을 작성한다.

■ 모둠별 계획이 마무리되면 교사는 가을 나들이 활동의 개요(언제, 어디서, 무엇을 할지)를 안내한다. 마지막으로 다시 둥글게 앉아서, 나들이 중 지켜야 할 안전 수칙을 한 가지씩 돌아가며 이야기하며 활동을 마친다.

활동 결과

- 학생들이 좋아하는 학교 및 주변 장소로는 복합커뮤니티센터, 학교 도서관, 하늘강당, 급식실 등이 있었다. 교장실을 좋아하는 학생도 두 명이나 있었다.

- 우리 반 학생 대부분은 1단지 또는 2단지 아파트에 거주하였는데, 1단지 학생들 중 다수가 2단지 놀이터에 가본 적이 없다는 점이 논의 중에 나왔다. 이에 따라 가을 나들이 장소를 2단지 아파트 놀이터로 정하였다.

- 사전 답사 결과, 가는 길에 플라타너스 가로수길이 있어 가을 정취를 느끼기 좋았고, 놀이터 주변의 조경도 아름다워 나들이 장소로 적합했다.

Tip ①

'혼자 왔어요' 놀이를 진행할 때는 학년 수준에 맞게 난이도를 조절하는 것이 중요하다. 예를 들어, 1-2-3-4-3-2-1-모두의 순서가 어렵다면 1-2-3-2-1-모두 또는 1-2-3-1-2-3-모두의 순서로 단계를 줄여 난이도를 낮출 수 있다. 학생들이 '우리 반이 성공했다!'는 경험을 함께 맛보는 것이 핵심이므로, 놀이의 완성도보다 협력과 성취의 즐거움을 중심에 두면 좋다.

Tip ②

모둠별 착시 사진 활동은 학년에 따라 접근 방식을 달리한다.
– 저학년은 예시를 제시하여 선택할 수 있게 한다.
  (예: 내 손 위에 친구들 올려보기, 우리 모둠 공중부양하기,
      팔이 여러 개인 사람처럼 찍기 등)
– 고학년은 예시를 참고해 자신들만의 착시 사진을 기획하도록
  한다.
사진을 찍을 사람과 주인공 역할을 미리 정하고, 사진 촬영에 필요한 휴대폰을 준비하도록 안내한다. 이 과정에서 학생들은 역할을 분담하고 협의하는 경험을 통해 자율성과 협동심을 함께 기를 수 있다.

신뢰서클에서 논의한 내용을 토대로 가을 나들이를 세 단계로 운영하면 좋다. 아래는 2학년 학생들과 했던 가을 나들이 활동의 예시이다.

전-중-후 가을 나들이 활동 (예시)	**나들이 전 활동: 가을을 담는 사진틀 만들기** – 종이에 배경을 그리고, 사진틀로 사용할 부분을 돋보기 　· 단풍잎 · 은행잎 등의 모양으로 오려낸다. ↓ **나들이 중 활동: 가을 사진 찍기, 모둠 미션 활동 수행하기** – 나들이 중 풍경이 아름다운 장소에서 만든 사진틀로 　사진을 찍는다. – 체험 장소에서는 신뢰서클에서 정한 모둠 착시 사진과 　모둠 놀이 활동을 수행한다. ↓ **나들이 후 활동: 삼각 무대책 만들기, 가을 사진 감상하기** – 삼각 무대책의 세 면에 '가장 인상 깊었던 장면', '가을 나 　들이 소감', '내가 찾은 가을의 색'을 표현한다. – 밴드나 패들렛을 활용하여 '내가 찾은 가을' 앨범을 만들고, 　사진을 감상하며 따뜻한 댓글로 피드백을 나눈다.

10월 학생 신뢰서클
: 공감 대화

운영 목적

교실에서 학생들의 대화를 유심히 들어보면, 욕설이나 비속어, 상대를 비난하는 말들이 장난처럼 오가는 경우가 많다. 이런 언어가 교실의 주된 문화로 자리 잡으면, 공감하거나 배려하는 말 자체가 어색한 분위기가 형성된다.

10월 신뢰서클은 이러한 언어 사용이 주는 영향을 학생들이 몸으로 느껴보고, 스스로 깨닫게 하기 위한 활동이다. 단순히 '욕설은 나쁘다'는 지시 대신, 연극적 체험을 통해 말의 힘을 직접 경험하게 한다. 공감 대화나 의사소통과 관련된 국어 단원과 연계하면 더욱 효과적이다.

활동 흐름

① 여는 의식

- 둥글게 자리 배치하고 앉기
- 준비물 점검하기
- 회복적 생활교육 노래 부르기

② 여는 질문 및 활동

- 친구들과의 대화 중 가장 상처받았던 말 3가지를 메모지에 적고 돌아가며 나누기
- 친구들에게서 가장 치유되었던(힘이 되었던) 말 3가지를 메모지에 적고 돌아가며 나누기

③ 주제 질문 및 활동

- 보자기 천 아래에서 상처 주는 말과 치유하는 말 체험하기
- 상처 주는 말을 들었을 때, 어떤 기분이 들었나요?
- 치유하는 말을 들었을 때, 어떤 변화가 있었나요?
- 5명씩 모둠을 만들어 역할을 바꾸며 체험하기

④ 닫는 의식

- 활동 소감 나누기

활동 내용

■ 학생들과 함께 둥글게 자리를 만든다. 보자기(학생 1명을 가릴 수 있는 크기로 모둠 수만큼), 메모지 2종류('상처 주는 말'과 '치유하는 말'의 색깔을 구분하여 각각 학생 수만큼), 바구니 2개, 필기구를 준비한다.

■ 회복적 생활교육 노래나 관계중심 생활교육 노래를 함께 부르며 서클의 분위기를 부드럽게 만든다.

■ 노래에서 나오는 대로 친구들을 공감하고, 배려하는 말만 주고 받는다면 좋겠지만, 실제 일상생활에서는 욕설, 비속어, 상대방을 비난하거나 놀리는 말 등을 자주 사용하게 됨을 이야기한다. 먼저 친구들에게 가장 상처받았던 말 3가지를 메모지에 적게 한다. 우리 반뿐 아니라 학교생활 전반에서 들었던 말, 혹은 상처가 될 것 같은 말도 적어도 좋다. 다 적은 후 돌아가며 이야기 나눈 뒤, 메모지를 '상처 주는 말' 바구니에 넣는다. 다음으로 가장 치유되었던(힘이 되었던) 말 3가지를 다른 색 메모지에 적는다. 들은

말, 듣고 싶은 말 모두 가능하다. 이야기 나눈 뒤 '치유하는 말' 바구니에 넣는다.

■ 이제 학생들의 자원을 받아 5명의 학생이 서클 중앙으로 나온다. 4명은 보자기의 네 귀퉁이를 잡고, 1명은 그 아래에 쪼그려 앉는다. 4명의 학생이 '상처 주는 말' 바구니에서 메모지를 하나씩 뽑아 천에 대고 말한다. 세 차례씩 돌아가며 말한 뒤, 천 아래의 학생에게 기분이나 떠오르는 일을 묻는다. 이후 같은 방식으로 '치유하는 말' 메모지를 사용한다. 천 아래의 학생에게 감정의 변화를 이야기하도록 한다.

■ 이제 학생들은 돌아가며 번호를 매겨 5명씩 모둠을 만든다. 모둠을 만들 때에는 돌아가면서 1,2,3,4,5의 숫자를 말하게 한 뒤 1~5번까지 같은 모둠을 하면 된다. 각 모둠은 보자기와 '상처 주는 말' 바구니를 사용하여 같은 활동을 진행하고, 보자기 천 아래에 앉는 학생의 역할은 1,2,3,4,5번 순으로 돌아가면서 수행한다. 이후 '치유하는 말'로 같은 과정을 반복한다. 활동 후 다시 둥글게 앉아 전체 소감을 나눈다.

■ 서클을 마무리하며 학생들과 함께 오늘 느낀 점을 자유롭게 나눈다. 교사는 '상처 주는 말은 오래 기억되고, 말하는 사람보다 듣는 사람이 훨씬 더 아프다'는 점을 자연스럽게 짚어준다.

활동 결과

- 학생들이 적은 상처 주는 말에는 욕설이나 비속어뿐 아니라 "저리 가!", "너는 빠져.", "안 놀아."와 같은 배제의 말, "너는 틀렸어.", "넌 쓸모없어."처럼 부정의 말, "미안해. 됐냐?", "사실은 미안하지 않아." 같은 비꼬는 표현이 포함되어 있었다.

- 치유하는 말로는 "고마워.", "힘내!", "할 수 있어.", "사랑해.", "같이 놀자.", "넌 소중한 사람이야." 등 따뜻한 말들이 많았고, 그중 "나는 보이지 않지만 네 마음 속엔 내가 있어."라는 말이 인상적이었다.

- 활동 후 학생들은 "연기인 줄 알아도 기분이 나빴다.", "속상했다."는 소감을 이야기했으며, 일부는 "나쁜 말을 들어본 적이 없어서 괜찮았다.", "상황이 재미있게 느껴졌다."는 반응을 보였다.

- '상처 주는 말을 하지 말고, 치유하는 말을 많이 해주자'라고 직접적으로 이야기하지는 않았지만, 활동과 소감 나누기를 통해 학생들 스스로 공감 대화의 중요성을 느낀 것 같다.

Tip ①

공감 대화 신뢰서클은 관련 국어과 수업이나 캠페인 활동과 연계하여 실시하면 효과가 크다. 나의 경우 먼저 신뢰서클을 통해 상처와 비난의 말이 주는 영향력을 알아본 후, 국어 시간에 관련 내용을 학습하고, 생활 속에서 공감 친구 캠페인 활동을 실천하는 방식으로 수업을 진행하였다.

Tip ②

회복적 생활교육 노래는 '우리 모두 다같이 손뼉을~ 짝짝'으로 시작하는 익숙한 리듬에 가사를 바꿔 부르는 형태로 활용하였다. 또한 세종시교육청(2024)에서 발표한 관계중심생활교육 노래나 친구 간 우정을 높이는 동요를 사용해도 좋다. 회복적 생활교육 노래는 공감 친구 캠페인송으로 활용하였다.

'상처 주는 말' 활동에서는 천 아래의 학생을 대상으로 한 말이 아니라, 교실에서 일반적으로 오가는 상처 주는 표현임을 분명히 안내해야 한다. 반 전체 앞에서 시범을 보일 때에는 자존감이 높고, 자신의 감정을 언어로 표현하는 데 능숙한 학생이 보자기 아래에 앉는 역할을 맡는 것이 좋다.

'상처 주는 말'과 '치유하는 말' 모둠 활동의 시범은 활동의 몰입도와 진지함을 결정짓는 핵심 단계이다. 학생들이 상처 주는 말을 할 때는 웃지 않고 진지하게, 치유하는 말을 할 때는 진심을 담아 말하도록 독려한다. 만약 천 아래 학생이 감정적으로 충분히 몰입하지 못한다면, 두세 번 정도 반복하여 들어보게 하면 도움이 된다.

메모지를 뽑은 후 글씨가 잘 보이지 않거나 이해되지 않는 말이 있는지 확인한다. 메모지에 적힌 말을 친구의 이름으로 바꾸거나, 친구의 상황에 맞게 바꾸어 이야기해 주도록 한다.

11월 학생 신뢰서클
: 우리가 만드는 즉흥극

운영 목적

즉흥극은 정해진 대본 없이 그 자리에서 상황을 설정하고 참여자가 함께 이야기를 만들어가는 연극이다. 학생들은 즉흥극을 통해 자신의 경험과 상상을 바탕으로 이야기를 구성하고, 협력과 의사소통을 통해 타인의 관점과 감정을 이해하는 힘을 기를 수 있다. 또한 서로의 이야기를 연기하며 자연스럽게 공감과 유대감을 형성하고, 극을 마쳤을 때의 성취감을 통해 공동체적 소속감을 경험할 수 있다.

11월 신뢰서클은 정진 저, 『회복적 생활교육 학급운영 가이드북』의 '상상 마당'(120-121쪽)과 '즉흥극이 만드는 우리의 이야기'(281-283쪽)를 참고하여 구성하였다.

이번 서클의 목적은 학생들이 직접 만든 이야기를 즉흥극으로 표현하며 서로의 마음과 세계를 이해하는 자리를 갖는 것이다.

활동 흐름

① 여는 의식

- 둥글게 자리 배치하고 앉기
- 준비물(여섯 조각 이야기 활동지, 원 마커 1개, 필기구) 준비
- 눈 감고 명상하기

② 여는 활동(상상 마당)

- 상상 걷기

③ 주제 활동(즉흥극 구성 및 발표)

- 여섯 조각 이야기 그림 그리기

- 모둠별 즉흥극 만들기

- 즉흥극 발표하기

④ 닫는 의식

- 소감 나누기

- 의미 되짚기

활동 내용

■ 학생들과 함께 둥글게 자리를 만든다. 여섯 조각 이야기 활동지와 필기구를 준비하고, 필통은 의자 아래에 내려두게 한다. 둥글게 앉은 자리의 가운데에 원 마커 1개를 둔다.

■ 눈을 감고 나와 친구를 위한 친절 명상을 진행한다. 호흡을 가다듬으며 오늘 함께할 친구들을 떠올리고 마음을 따뜻하게 가진다.

■ 교사는 오늘 우리가 신뢰서클 활동으로 상상놀이, 즉흥극 만들기를 할 것이라고 안내한다. 교사는 원형 안에서 우리의 상상이 실제로 일어나고 있다고 말한다. 교사의 지시에 따라 학생들은 원 마커를 밟고 지나며 다양한 상상의 상황을 체험한다. 원 마커를 밟고 지나온 사람은 맞은편 사람을 다시 다른 편으로 보내며, 서로가 계속 교차하여 움직이도록 한다. 예를 들어, '빨갛게 달궈진 철판 위를 걸어라.', '뜨거운 바람이 부는 사막을 아주 목마른 채 걸어가라.', '부드러운 풀밭을 맨발로 지나가라.', '뱀이 득실거

리는 자갈밭을 지나가라.', '찰랑거리는 시냇물을 건너라.'와 같은 상황을
지시할 수 있다. 한 번 원을 지난 사람은 다시 지날 수 없다는 규칙을 두어
모든 학생들이 통과할 수 있도록 해본다.

■학생들에게 여섯 칸으로 구성된 활동지(여섯 조각 이야기 활동지)를 나누
어 준다. 아래 순서대로 활동지의 각 칸마다 그려야 할 내용에 맞게 그림
을 그릴 수 있도록 한다.
 – 주인공
 – 주인공이 해야 할 일(혹은 하고 싶은 일)
 – 주인공의 일을 방해하는 것
 – 주인공을 도와줄 대상
 – 도움의 방법과 결과
 – 이야기의 결말
그림을 완성한 후, 학생들은 1~5번 번호를 돌아가며 외쳐 같은 번호끼리
모둠을 구성한다. 모둠 안에서 각자의 이야기를 소개하고, 그 중 하나를
대표 이야기로 선택한다.

■선정된 대표 이야기를 바탕으로 모둠별 즉흥극을 만든다. 이야기의 원작
자는 연출자(감독)가 되고, 나머지 모둠원들이 배우로 참여한다. 준비가
끝나면 원형으로 다시 모여, 모둠별 즉흥극을 발표한다.

■모든 발표가 끝난 후, 배우로 참여한 학생들은 인상 깊었던 즉흥극과 그
이유를, 연출자로 참여한 학생들은 자신의 이야기가 무대에서 표현될 때
의 느낌을 이야기한다. 교사는 학생들이 표현한 이야기 중 반 전체에 특별

한 울림을 준 작품이 있었다면 그 의미를 함께 되돌아보며 대화를 마무리한다.

활동 결과

- 모둠에서 가장 대표적인 이야기를 뽑을 때 내 이야기가 뽑히지 않아 속상했다는 학생들이 있었지만, 뽑힌 친구의 작품으로 즉흥극 만드는 활동에 즐겁게 참여했다.
- 뽑힌 이야기들은 학생들의 상상력이 발휘된 이야기이지만, 평소 자신이 관심 있어 하는 주제나 경험했던 내용이 반영되는 경우가 많았다. 학생들이 만든 이야기에는 빵이 팔려서 천사가 된 이야기, 청소 요정이 나타나 청소를 도와주는 이야기, 술 취해 옆집 초인종을 누르는 아저씨 이야기, 지구 온난화 이야기 등이 있었다.

Tip ①

친절 명상은 아래 링크의 영상(3~4분 내외)을 활용하였다.
https://youtu.be/a0ypb-q06nw

Tip ②

여섯 조각 이야기 활동지를 그림으로 나타내기 어려워하거나 시간이
부족한 경우 글로 나타내어도 된다.

Tip ③

모둠별 즉흥극을 감상할 때에는 연출자(감독)가 먼저 작품의 내용과
역할을 설명하고, 함께 감상하도록 하는 것이 좋다.

활동지나 즉흥극의 완성도를 강조하기보다, 활동지를 구상하고 즉흥극을 만드는 과정에서 학생들이 어떠한 역동을 보이는 지를 교사가 중점적으로 관찰한다. 그리고 신뢰서클을 마무리할 때 교사는 관찰한 내용을 바탕으로, 학생들이 관계적 측면에서 변화나 성장을 보인 지점을 칭찬해준다.

예를 들어, 한 학생이 연출자의 지시를 따르지 않아 연출자 학생이 무척 답답해했는데, 함께 발표를 준비하고 발표를 잘 마쳤다면, 교사가 다음과 같이 피드백해 줄 수 있다. "과정 중에 서로의 생각이 달라서 부딪히는 순간도 있었지만, 결국 두 사람이 서로의 의견을 듣고 조율하면서 하나의 장면을 완성해 갔던 점이 정말 인상적이었어. 그 경험 자체가 너희가 서로를 조금 더 이해하게 된 중요한 순간이라고 생각해."

12월 학생 신뢰서클
: 학년말 마무리

운영 목적

12월 신뢰서클은 한 해 동안의 교실 생활을 돌아보고, 고맙고 미안했던 마음을 솔직하게 표현하는 시간으로 마련되었다. 친구들과의 관계 속에서 느꼈던 다양한 감정을 정리하며, 감사와 사과, 그리고 화해의 마음을 표현하는 과정을 통해 학생들은 서로에 대한 이해를 깊이 있게 나눌 수 있었다. 또한 평소 표현하지 못했던 감정을 전하고 불편했던 관계를 정리함으로써, 새로운 마음으로 다음 해를 맞이할 준비를 하는 회복적 마무리의 시간이 되었다.

활동 흐름

① 여는 의식
- 둥글게 자리 배치하고 앉기
- 준비물(색깔별 포스트잇, 이젤패드, 필기구) 준비하기

② 여는 활동
- '~에 어울리는 사람' 이미지 놀이하기

③ 주제 활동
- '사랑해' 쪽지 쓰고 붙이기 (가장 깊은 우정을 나눈 친구에게)
- '미안해' 쪽지 쓰고 붙이기 (불편함을 준 친구에게)
- '고마워' 쪽지 쓰고 붙이기 (도움을 받은 친구에게)

• '잘 지내보자' 쪽지 쓰고 붙이기 (우정을 나누지 못한 친구에게)

• "사랑해, 미안해, 고마워, 잘 지내보자"라고 말하며 쪽지 전달하기

④ 닫는 의식

• 한 해를 마무리하는 소감 나누기

• 선생님과 터치 인사하기

활동 내용

■ 학생들과 둥글게 자리를 만든 뒤, 색깔이 다른 네 가지 포스트잇과 이젤패드, 필기구를 준비한다. 학생들의 필통은 의자 아래에 내려두도록 한다.

■ 여는 활동으로 '~에 어울리는 사람' 이미지 놀이를 한다. 교사는 성격을 나타내는 형용사 중 하나를 제시하고, 학생들은 그 단어에 가장 잘 어울린다고 생각하는 친구의 어깨를 살짝 터치한 후 자리에 앉는다. 이 활동을 통해 학생들은 친구들이 자신을 어떻게 바라보는지(올 한해 내가 친구들에게 어떤 이미지를 쌓았는지), 또 내가 스스로 생각하는 나의 이미지와 친구들의 생각이 얼마나 일치하는지를 자연스럽게 돌아볼 수 있다. 성격을 나타내는 예시 형용사는 아래와 같다.

> 똑똑한, 성실한, 신중한, 친절한, 논리적인, 자신감 있는,
> 조용한, 겸손한, 차분한, 호기심 많은, 재미있는, 꼼꼼한, 정확한,
> 창의적인, 잘 도와주는, 긍정적인, 빠른, 계획적인, 따뜻한

■ '사랑해, 미안해, 고마워, 잘 지내보자' 쪽지 쓰기 활동을 진행한다. 교사
는 학생들에게 네 가지 색의 포스트잇을 나누어 주고, 각 색깔에 다음의
의미를 부여한다.

 – 사랑해 쪽지: 한 해 동안 가장 깊은 우정을 나눈 친구에게

 – 미안해 쪽지: 불편함을 주었거나 서운하게 했던 친구에게

 – 고마워 쪽지: 도움을 받았거나 마음을 따뜻하게 해주었던 친구에게

 – 잘 지내보자 쪽지: 아직 가까워지지 못했지만 앞으로 좋은 관계를 맺
고 싶은 친구에게

학생들은 각 주제에 맞는 친구 한 명씩을 떠올리며 쪽지를 쓴다. 한 종류
의 쪽지를 쓸 때마다 이젤 패드에 모아 붙인다. 쪽지의 색깔을 다르게 설
정하면 전달 순서와 의미를 구분하기 쉽다. 4장의 쪽지를 다 쓰고 나면 '사
랑해', '미안해', '고마워', '잘 지내보자'라고 말하면서 각각의 쪽지를 전달
하는 시간을 갖는다. 쪽지는 한꺼번에 전달하는 것이 아니라 '사랑해' 쪽
지를 전달하고 난 뒤 '미안해' 쪽지를 전달하는 식으로 순차적으로 전달
한다.

■ 모든 쪽지 전달이 끝난 후, 학생들은 한 해를 돌아보며 느낀 점을 차례로
나눈다. 감사, 아쉬움, 다짐 등을 자유롭게 표현하도록 하고, 마지막에는
교사가 짧은 소감을 덧붙이며 학생들의 성장과 변화를 격려한다.

■ 활동을 마친 뒤, 교사와 학생은 한 명씩 차례로 터치 인사를 나눈다. 학생
은 준비된 네 가지 인사 방식(포옹, 악수, 하이파이브, 주먹 인사) 중 자신
이 원하는 방식을 선택하여 교사와 인사를 나누고, 그 인사로 한 해의 관
계를 따뜻하게 마무리한다.

활동 결과

- 학생들은 올 한 해를 되돌아보며 포스트잇에 진솔하게 자신의 마음을 담았다. '~에 어울리는 사람' 이미지 게임을 하고, '사랑해, 고마워, 미안해, 잘 지내보자' 쪽지를 전달하면서 연말 교실 분위기가 훈훈해질 수 있었다.

- 친구들이 나를 많이 뽑아주지 않아서 아쉬워하는 친구들도 있었다. 터치를 많이 받거나 쪽지를 많이 받은 친구가 부러울 수도 있지만, 나를 생각해준 친구들에게 먼저 감사하는 마음을 갖기로 하였다.

Tip ①

'~에 어울리는 사람' 이미지 놀이를 할 때에는 원 안을 걸을 수 있도록 하고, 친구의 어깨를 치는 것이 아니라 가볍게 터치하는 것임을 강조한다. 특정 친구에게 여러 친구들이 몰릴 수 있으므로, 기다렸다가 천천히 터치하고 와도 된다고 이야기해 준다.

Tip ②

'사랑해, 고마워, 미안해, 잘 지내보자' 쪽지를 쓸 때에는 받는 사람, 쓴 사람 이름을 적도록 하고, 단순히 '사랑해, 고마워, 미안해, 잘 지내보자'라는 말을 적는 것이 아니라, 글쓴이의 마음이 잘 담긴 내용을 적을 수 있도록 안내한다.

Tip ③

'사랑해, 고마워, 미안해, 잘 지내보자' 쪽지를 이젤 패드에 붙일 경우, 다른 친구들에게 내가 쓴 쪽지 내용이 공개된다. 따라서 쪽지의 내용을 놀림거리로 삼으면 안 되고, 쪽지에 담긴 친구들의 진심을 존중해줄 것을 강조한다.

Tip ④

쪽지를 전달할 때 친구의 등이나 몸에 붙이는 등 장난을 치면서 쪽지가 분실될 수 있으므로, 쪽지는 꼭 친구의 손에 전달해주도록 한다.

Tip ⑤

터치 인사는 아래와 같이 네 가지 인사 방식을 표현한 그림을 출력 후 코팅하여 교실 앞문에 붙여두고 활용하였다. 학생이 선생님과 나누고 싶은 인사 방식을 손바닥으로 터치하면, 교사가 그 방식으로 학생과 인사를 나누면 된다. 연중 활용할 수 있고, 인사를 통해 교사와 학생 간 특별한 유대감을 쌓을 수 있다.

| 터치
인사판 | | | | |

학생 신뢰서클 운영 후기

평화로운 학급을 위한 첫걸음

올해 내가 담임을 맡은 우리 반은 남학생들 사이의 서열이 뚜렷해 갈등이 잦았다. 운동을 잘하고 재미있는 A를 중심으로 한 소위 '핵심 무리'가 있었고, 조용한 B와 느린 학습자인 C는 그 무리에 끼지 못해 종종 소외되거나 놀림을 받았다. 핵심 무리 내에서도 누가 더 A와 친한지를 경쟁하거나, 무리 내에서 친구를 바꾸어가며 따돌리는 모습이 관찰되기도 했다.

학기 초부터 학급 분위기가 쉽게 안정되지 않았고, 점심 놀이 뒤 오후 시간에는 학생들 사이에서 일어난 갈등을 다루느라 수업을 제대로 못하는 경우가 많았다. 그래서 나는 지푸라기라도 잡는 심정으로 학생들이 서로를 이해하고 존중하는 법을 배울 수 있도록 평화로운 학급을 위한 하부 구조–신뢰서클과 평화감수성, 존중의 약속–을 실천해보기로 했다.

평화는 말로 이루어지지 않는다

평화로운 학급은 "사이좋게 지내.", "서로 배려해.", "다 같이 놀아."와 같은 교사의 말만으로 쉽게 이루어지지 않는다. 세상 모든 일에 공짜가 없듯 평화로운 학급을 만들기 위해서는 그만큼의 시간과 노력이 필요하며, 변화의 더딤도 인내할 수 있어야 한다.

평화로운 학급을 위한 하부 구조를 만들기 위해서 내가 가장 신경을 썼던 부분은 회복적 생활교육의 신뢰서클을 꾸준히 운영하는 것과 학부모님들과 이러한 상황을 소통하는 것이었다.

3월_첫 신뢰서클, 작은 균열의 시작

3월, 첫 신뢰서클의 질문은 "올해 우리 반이 어떤 반이 되면 좋겠어요?"였다. 그림카드를 활용해 각자의 바람을 이야기하도록 했는데, 대부분의 학생들은 즐거운 반, 공부 잘하는 반 등 겉도는 대답을 했다. 하지만 조용하던 C가 "친구들이 서로 무시하지 않는 반이면 좋겠어요."라고 말하자 순간 아이들이 고개를 들었다. 그 말이 조용히 교실에 울려 퍼지면서, A를 포함한 여러 학생들이 미묘하게 표정을 바꾸는 것이 보였다. 나는 그때 처음으로 이 활동이 학생들의 마음에 작은 균열을 낼 수 있겠다는 희망을 느꼈다.

4월_우리 반의 가치와 존중의 약속

4월에는 두 차례에 걸쳐 우리 반의 가치급훈 만들기와 존중의 약속 세우기를 진행했다. 학생들은 모둠별로 '어떤 가치가 우리 반에 가장 필요할까?'를 토론했고, 최종적으로 '우정을 나누는 행복한 ㅁㅁ반'이라는 급훈이 탄생했다. 학생들이 가장 힘들어하면서도 가장 필요로 하는 것이 우정과 행복이라는 가치라는 것을 다시 한번 생각하게 되었다.

학급 급훈을 정한 이후 급훈과 같은 학급을 만들기 위해 필요한 존중의 약속을 고민해보았다. 학생은 선생님을 어떻게 존중할지, 나는 다른 친구들을 어떻게 존중할지를 내가 존중받고 싶은 내용에 비추어 함께 고민해본 시간이었다. 일주일의 점검 후 최종 수정하여 확정된 우리 반 존중의 약속은, 이후 우리 반에서 문제 행동이 생기거나 갈등이 발생할 때마다 제일 먼저 찾아가서 자신의 행동을 비추어보는 '반성의 거울'이 되어주었다.

5월_마음을 나누는 시간

5월에는 나에게 소중한 물건을 주제로 각자 의미 있는 물건을 들고 와 이야기했다. A는 운동화를 들고 "이건 축구할 때 신는 거예요. 친구들이랑 경기할 때 제일 행복해요."라고 했고, B는 장난감을 꺼내 "이건 아빠가 사 준 거예요. 아빠랑 떨어져 있어서 더 소중해요."라고 말했다. 평소 친구의 이야기를 집중하여 듣는 것을 어려워하는 학생들이 B의 이야기를 조용히 듣는 모습을 보며, 학생들 마음속에 서로에 대한 공감의 싹이 자라고 있음을 느꼈다.

6월_교실에서 나의 위치

6월에는 교실에서 나의 위치라는 주제로 종이컵 인형을 만들어 교실 구조 위에 놓고 이야기했다. 많은 학생들이 자신의 종이컵 인형을 A를 중심으로 한 그룹에 두었지만, C는 조용히 구석에 두며 "가끔은 이 교실에 내 자리가 없는 것 같아요."라고 했다. 이후 더 나은 우리 반을 위해 내가 할 수 있는 일을 이야기할 때 몇몇 학생들이 친구에게 "같이 놀래?"라고 먼저 물어보고, 놀이에 끼워주겠다고 이야기했다. 그날 이후 학생들은 중간놀이 시간이나 점심 놀이 시간에 C를 챙겨 함께 놀이했고, 교실의 분위기는 한결 부드러워졌다.

2학기_관계의 깊이를 더하다

2학기에는 관계의 깊이를 더하는 시간을 가졌다. 8월에는 방과 후 소규모 신뢰서클을 열어 요즘 가장 힘들었던 일을 이야기했다. 한 명이 절친한 친구와 절교하면서 괴로워진 상황을 이야기하자 다른 친구들도 하나둘씩 진심을 꺼냈다. 평소에 교실에서 서로 친하게 지내는 친구들은 아니었지만, 방과 후 소규모 신뢰서클을 통해 또래의 고민을 함께 나누고 활동하면서 새롭게 친밀함을 형성할 수 있게 되었다. 방과 후 소규모 신뢰서클을 함께 하며, 친해지고 싶었지만 그러지 못했던 친구에게 자신의 마음을 전한 학생도 있었다.

10월_상처 주는 말, 치유하는 말

10월의 공감 대화 신뢰서클에서는 상처받았던 말과 치유되었던 말을 나눴다. 장난처럼 욕설이나 비속어를 상처받았던 말로 이야기하는 학생들도 있었지만, 특별히 상처받았던 구체적인 말을 기억하여 기록한 학생들도 있었다. 활동 후 A는 C에게 찾아가 "예전에 내가 그렇게 말해서 미안해."라고 고백했고, C는 "지금은 그렇게 말하지 않아서 고마워."라고 답했다. 교사가 사과하라고 이야기하지 않았음에도 A가 C에게 직접 찾아가 사과의 말을 전했다는 것은 정말 놀라운 일이었다. 피해를 준 학생이 자신의 잘못을 직면하고 자신의 잘못에 대해 스스로 책임을 지는 행동을 선택한 것이다.

12월_사랑해, 미안해, 고마워

12월, 마지막 신뢰서클에서는 사랑해·미안해·고마워·잘 지내보자 쪽지 쓰기 활동을 했다. A는 C에게 "올해 너한테 기분 나쁘게 말하고 행동해서 진짜 미안해."라는 쪽지를 썼고, C는 "괜찮아. 요즘은 친구가 되어주어서 좋아."라고 답했다. 쪽지를 주고받던 학생들의 표정은 한 학기 전과 전혀 달랐다. 경쟁과 서열로 나뉘던 관계는 어느새 서로를 이해하고 아껴주는 공동체의 모습으로 바뀌어 있었다.

관계의 힘, 듣는 힘이 만든 변화

한 해 동안의 신뢰서클은 단순한 활동이 아니라, 학생들과 함께 관계를 배우는 여정이었다. 처음에는 형식적인 시간처럼 보였던 신뢰서클이 점차 교실 문화를 바꾸는 중심축이 되었다. 일 년 동안 교실 내에서 많은 갈등이 일어났고, 참 많이 마음 고생을 했었다. 성장을 하는 모습을 보이다가도 갈등과 퇴행의 모습을 보이는 학생들을 믿고, 관계의 차단이나 처벌로 문제를 해결하려는 학부모님들을 설득하는 과정이 쉽지 않았다. 하지만 지나고 보니 회복적 생활교육이란 결국 말하는 힘보다 듣는 힘이 만드는 변화, 소수의 힘 있는 학생보다는 평범한 다수의 학생이 만드는 변화인 것 같다.

갈등이 일어나더라도 갈등이 증폭되어 학교폭력으로 이어지지 않고 갈등이 오히려 변화와 성장의 기회가 되었기 때문에, 학생들과 학부모님들이 조금씩 마음을 열고 유대감을 찾을 수 있었던 것 같다. 신뢰서클은 우리 반을, 그리고 나 자신을 한 단계 더 성장시킨 소중한 경험이었다.

2. 학부모 신뢰서클 월별 운영 사례

학부모 신뢰서클 운영 사례에 앞서
: 생생(生生) 실천담

학부모마실의 시작: 교사로서, 학부모로서의 결심

2023~2024년 학부모 신뢰서클을 '학부모마실'이라 이름 짓고 매 월 1회 정도 운영했다. 3월과 9월에는 학부모 교육과정 설명회와 병행했지만, 나머지 달에는 설명회나 상담 목적이 아닌 순수한 신뢰서클 형태의 친목 모임으로 진행했다.

교육의 3주체라지만 교사와 학부모의 만남은 언제나 부담스럽다. 교직 10년이 넘은 나 역시 자녀를 둔 학부모이지만, 필수적인 상황 외에는 학부모와의 만남은 피하고 싶다. 부모와 무슨 이야기를 할지 잘 몰라서, 교직 경험이 쌓이면서는 학부모와의 관계에서 상처 받았던 경험들 때문에 학부모와의 만남에 소극적이게 된다. 그러나 초등학교 1학년 담임을 맡으며 마음을 다잡았다. 아이들이 학교에 성공적으로 적응하기 위해서는 교사와 학부모의 동반자적 관계가 반드시 필요하기 때문이다.

'상처받더라도, 아무것도 하지 않아 상처를 피하는 것보다는 낫다.'

이런 다짐으로 학부모마실을 준비하며, 첫 모임을 앞두고 학급 밴드에 다음과 같은 글을 올렸다.

※ 당시 근무 학교는 세종시 해밀초등학교로, 모임 이름은 '해밀마실'이라
하였다.

<첫 학부모마실을 앞두고 1학년 학급밴드에 올린 글>

첫 해밀마실을 앞두고

해밀마실은 담임교사, 학부모라는 위치를 떠나 한 인간으로
각자의 이야기를 나누고 소통하며 연대하기 위한 자리입니다.
비슷한 연령대, 같은 지역에서 1학년 가람반이라는 이름으로 만난 우리는
어쩌면 친해질 수 있는 공통점을 이미 많이 가지고 있는지도 모르겠습니다.
1학년 가람반이라는 안전한 공간에서 나의 이야기를 풀고, 우리의 이야기를 나누며
서로에게 조금 더 가까이 다가갈 수 있었으면 좋겠습니다.
해밀마실로 인해 1학년 가람반 학부모님들의 삶이 조금 더 행복해지는 방향으로
움직인다면, 우리 가람이들에게도 분명 긍정적인 일이 되리라 생각합니다.
수다 떨고 차 한잔 마시러 동네 마실 나오듯이 가벼운 마음으로
해밀마실에 참여해주세요. 1학년 가람반 교실 문을 활짝 열고 기다리겠습니다.

1학년 가람반 담임교사 드림

왜 학부모마실인가: 관계의 필요성과 회의감의 극복

세종시의 지역적 특성은 학부모마실의 필요성을 절실히 느끼게 했다. 신도시로 이주한 학부모 대부분은 주변에 연고가 없고, 대화나 위로를 나눌 사람이 부족했다. 특히 저학년 자녀를 둔 부모는 양육 스트레스가 크기 때문에, 정서적 지지망의 부재는 가정의 불안 요소가 되기도 한다.

한편, 나 역시도 이런 모임이 과연 필요한가를 고민했다. '학생이 아닌 학부모와도 관계 맺기를 해야 하나?', '잦은 만남이 혹시 오해를 낳지는 않을

까? 이런 의문을 품고 있던 중, 『삶을 위한 수업』이라는 책 속 한 문장이 답이 되었다.

"너무 친밀하면 위험할까 봐 아예 거리를 두는 것보다, 때로는 한계선을 다시 그으며 친밀해지려는 노력이 훨씬 낫다[1]." 나는 이 철학을 학부모 관계에도 적용하기로 했다.

지나친 친밀함의 위험을 감수하더라도, 거리를 두는 것보다는 가까이 다가가는 것. 그것이 학부모마실의 출발점이었다. 학부모마실은 학부모의 정서적 안정을 돕고, 그 결과 학생의 삶에도 긍정적인 영향을 미쳤다. 또한 교사의 교육과정을 이해하고 신뢰하는 계기를 마련해 학교와 가정의 교육적 동반자 관계를 공고히 했다.

그림책으로 여는 신뢰의 대화

학부모마실을 정례화하기로 결심한 후, 가장 큰 고민은 '무엇을 어떻게 이야기할까'였다. 자연스러운 대화 주제로의 연결을 위해 그림책을 활용하는 것이 좋겠다고 생각했고, 안전하고 편안한 분위기 형성을 위해 회복적 생활교육의 신뢰서클 방식으로 학부모마실을 운영하면 좋겠다고 생각했다.

나는 이미 1~2학년 교육과정을 그림책 중심으로 운영해 왔고, 학생 대상 월별 신뢰서클을 꾸준히 실천해 왔기 때문에, 그림책을 활용한 신뢰서클의

---

[1] 마르쿠스 베른센(2020), 삶을 위한 수업, 오마이북, 189~190.
위 책에서 '메테 맘'이라고 불리는 메테 페테르센 선생님은 좋은 담임이 되려면 아이들을 잘 알아야 하고, 수업을 잘하기 위해서는 무엇보다 담임교사가 학생들과 친밀한 관계를 갖는 것이 중요하다고 말한다. 그리고 '교사와 학생이 어느 정도 친밀한 관계를 형성해야 할까?'라는 질문에 대해 물론 적당한 경계선이 필요하고 친구 이전에 선생님이라는 사실을 잊지 않아야 하겠지만, 지나친 친밀함으로 인한 부작용의 위험을 감수하더라도 학생들과 더 친밀해지기 위해 노력한다고 한다. 너무 친밀하면 위험할까 봐 아예 거리를 두는 것보다 훨씬 더 낫다고 믿고, 때때로 한계선을 다시 그으며 시작할지라도 말이다.

방식으로 학부모마실을 운영하는 것은 나와 학부모님들 모두에게 자연스러운 일이었다.

3월과 9월에는 학부모 교육과정 설명회 이후 '만남의 시간'이라는 형태로 학부모마실을 운영하였다. 그 외의 달에는 월별 주제나 계절의 흐름, 학부모의 관심사를 반영하여 그림책을 선정하였고, 책을 함께 읽은 뒤, 관련 질문을 중심으로 대화를 나누거나 간단한 활동을 진행했다.

모임은 방과 후 약 40분 정도였고, 사전 설문으로 참석 희망자를 받았다.

마음을 여는 자리, 관계가 자라는 시간

학부모마실에 참여한 학부모들의 반응은 뜨거웠다.

– "그림책을 통해 힐링할 수 있는 시간이었다."

– "교사와의 관계가 편안해졌다."

– "교사와 학부모가 아닌, 사람 대 사람으로 만난 자리였다."

한 어머니는 전학을 앞두고 마지막 학부모마실에 참석하며 말했다. "처음엔 한 번만 나올 생각이었는데, 너무 좋아서 매달 기다리게 됐어요. 전학을 가도 다시 이런 모임이 있다면 꼭 참여하고 싶어요." 이 말을 들으며 학부모마실이 단순한 교사 주도의 행사가 아니라, 학부모에게 정서적 쉼터이자 신뢰의 공동체로 자리 잡았음을 느꼈다.

교사의 변화: 듣고 함께 웃는 시간

학부모마실이 거듭될수록 교사로서의 부담감은 점차 줄었다. 오히려 나 자신에게도 편안하고 즐거운 시간이 되었다. 학부모와의 대화가 쌓이면서 자연스레 인간 대 인간의 만남이 이루어졌다. 교사라는 역할의 경직됨이 완화되고, 나 또한 내 이야기를 나눌 수 있었다. 사실 교실에 앉아 있는 교사도 학부모만큼이나 내 이야기를 들어줄 사람이 필요한, 외로운 사람은 아니었을까. 그 점에서 학부모마실은 학부모뿐 아니라 교사에게도 회복적 의미가 있는 시간이 되었다.

학부모마실의 동학년 확장

이 경험을 바탕으로, 2024학년도에는 같은 학년 교사들과 학부모마실의 시나리오를 공유했다. '학부모와의 만남이 부담스러운 교사들에게 구체적인 프로그램이 있다면 한결 수월할 것'이라는 생각에서였다.

약속 시간 전후로 어색하게 인사를 드리며 교실로 들어서는 다른 반 학부모님들의 목소리가 들린다. 하지만 잠시 후, 무엇을 하고 있는지 엿보고 싶을 만큼 '하하 호호~ 깔깔깔~' 화기애애한 목소리와 웃음소리가 끊이지 않는다. 『기억의 풍선』이라는 그림책으로 학부모마실을 진행한 반에서는 반대로 울음바다가 되어서 휴지 없이는 활동 진행이 어려웠단다.

그만큼 이 모임은 교사와 학부모 모두에게 진심이 오가는 시간이었다.

학부모마실에 대한 소감과 지속적 실천 다짐

학부모마실을 통해 경험한 내 최고의 소감은 마실을 마치고 나가는 학부모님들의 한결 편안해진 표정이었다. 그리고 학부모마실을 마친 동학년 교사들이 눈을 반짝이며 소감을 나누던 얼굴이었다. 학부모와 교사가 인간 대 인간으로 마음을 열고 이야기를 나누며 깊은 신뢰 관계를 맺는 것이 가능할까? 올 한 해의 경험은 그 답을 '그렇다'로 바꾸어 주었다.

이제 누군가 나에게 "앞으로도 학부모마실을 계속 하시겠습니까?"라고 묻는다면, 나는 자신 있게 그렇다고 말할 것이다.

3월 학부모 교육과정 설명회
: 만남의 시간

운영 목적

대부분의 학교에서는 3월에 학부모를 대상으로 교육과정 설명회를 운영한다. 이 자리는 담임교사가 학부모들과 공식적으로 처음 만나는 자리이자, 학부모들끼리도 처음 인사를 나누는 자리이다.

교육과정 설명회의 1부에서는 담임교사가 학교와 학급의 교육 철학, 교육과정, 학급 운영 방향 등을 안내하였다. 이어지는 2부에서는 신뢰서클 방식으로 만남의 시간을 운영하였다.

이 시간을 통해 학부모들 간의 관계가 자연스럽게 연결되었고, 이후 정례적인 학부모마실로 이어질 수 있는 기반이 마련되었다. 무엇보다도 교사가 일방적으로 설명하는 형식적이고 딱딱한 설명회가 아니라, 다양한 대화가 오가는 부드러운 학부모 만남의 장이 될 수 있었다.

활동 흐름

① 여는 의식

- 시 「한 사람 건너」(나태주) 함께 읽기

② 여는 질문

- 소망단어를 한 가지 선택하여 자기소개하기

③ (선택 1) 주제 질문

- 우리 아이의 존재 자체가 고맙고 감사했던 기억은 무엇인가요?

그 이유는 무엇인가요?

- 아이를 키우면서 어려웠거나 도움이 필요했던 순간은 언제인가요?
- 올 한해 우리 아이에게 가장 주고 싶은 선물은 무엇인가요?

  (아이에게 바라는 것이 아니라,

  아이의 성장을 위해 내가 도와줄 수 있는 것 중심으로)

④ (선택 2) 주제 질문

- 부모로서 자녀가 나를 닮았으면 하는 점은 무엇인가요?
- 부모로서 자녀가 나를 닮지 않았으면 하는 점은 무엇인가요?
- 우리 가족만의 문화나, 앞으로 만들어가고 싶은 가족의 모습은 무엇

  인가요?

⑤ 닫는 의식

- 소감 나누기

활동 내용 시나리오

▶ 여는 의식(여는 시, 토킹스틱 소개)

지금부터 학부모 교육과정 설명회 2부 '만남의 시간'을 시작하겠습니다.

먼저 나태주 시인의 「한 사람 건너」를 함께 읽으며 마음을 열어보겠습니다.

이 시는 제가 올해 우리 반 아이들을 만나며 교사로서 품고자 하는 마음을

잘 담고 있습니다.

· 활동: 함께 시 읽기

이 시간은 '신뢰서클' 방식으로 진행됩니다. 신뢰서클은 하나의 원으로

둥글게 앉아 토킹스틱(이야기 막대)을 돌리며 서로의 진솔한 이야기를 나누

는 자리입니다. 오늘의 토킹스틱은 제자가 선물해준 카네이션 볼펜으로, 저에게 의미 있는 물건입니다.

▶ 여는 질문

이제 소망단어를 한 가지 골라 돌아가며 자기소개를 해보겠습니다. 화면에 보이는 단어 중 하나를 선택하셔서 말씀해주시면 됩니다.

예) 저는 (늘 새로운) 1가람반 담임 □□□입니다.

아이들과 매년 새로운 학급살이를 하고 싶어 '새로운'을 선택했습니다. 학부모님들께서도 '저는 (　　)한 □□□(학생 이름) 엄마/아빠입니다'의 형식으로 자기소개를 하시고, 그 단어를 선택하신 이유를 함께 나눠주세요.

· 활동: 토킹스틱을 돌려가며 자기소개하기

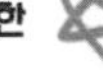

▶ 주제 질문(선택 1)

이번에는 돌아가며 주제 질문에 대해 이야기를 나누어 보겠습니다. 첫 번째 질문은 '우리 아이의 존재 자체가 고맙고 감사했던 기억은 무엇인가요? 그 이유는 무엇인가요?'입니다. 가장 먼저 떠오르는 생각을 가지고 제 오른쪽부터 돌아가며 편안하게 이야기해주시면 됩니다.

· 활동: 토킹스틱을 돌려가며 첫 번째 주제 질문에 대해 이야기 나누기

다음 질문은 '지금까지 아이를 키우면서 어려웠던, 도움이 필요했던, 힘들었던 순간은 언제일까요?' 입니다. 정도의 차이가 있을 수는 있겠지만, 지금의 모습으로 자녀가 성장하기까지 부모님들의 많은 숨은 노고가 있으셨을 줄 압니다. 제 왼쪽으로 돌아가며 이야기 나누겠습니다.

· 활동: 토킹스틱을 돌려가며 두 번째 주제 질문에 대해 이야기 나누기

마지막 질문은 '올 한해 우리 아이에게 가장 주고 싶은 선물은 무엇인가요?' 입니다. 아이에게 바라는 것 말고 아이의 성장을 위해 내가 도와줄 수 있는 것이 무엇인지 고민해보셨으면 합니다. 준비가 되셨다면 제 오른쪽부터 돌아가며 이야기 나누겠습니다.

· 활동: 토킹스틱을 돌려가며 세 번째 주제 질문에 대해 이야기 나누기

▶ 주제 질문(선택 2)

이번에는 돌아가며 주제 질문에 대해 이야기를 나누어 보겠습니다. 첫 번째 질문은 '부모로서 자녀가 나를 닮았으면 하는 점은 무엇인가요?' 입니다. 가장 먼저 떠오르는 생각을 가지고 제 오른쪽부터 돌아가며 편안하게 이야기해주시면 됩니다.

· 활동: 토킹스틱을 돌려가며 첫 번째 주제 질문에 대해 이야기 나누기

다음 질문은 '부모로서 자녀가 나를 닮지 않았으면 하는 점은 무엇인가요?' 입니다. 부모가 바라는 완벽한 모습을 가진 자녀는 없지만, 스스로 단점이라고 생각하는 모습을 자녀에게 발견하게 되었을 때 참 당황스럽지요. 준비가 되셨다면 제 왼쪽으로 돌아가며 이야기 나누겠습니다.

· 활동: 토킹스틱을 돌려가며 두 번째 주제 질문에 대해 이야기 나누기

마지막 질문은 '소개하고 싶은 우리 가족만의 문화가 있다면 무엇인가요?' 입니다. 특별히 생각나는 것이 없다면 부모로서 만들어가고 싶은 우리 가족의 모습을 이야기하셔도 좋습니다. 가족의 형태는 비슷해도 부모님들의 개성, 가치관과 철학에 따라 가족이 생활하는 모습은 다양할 거예요. 제 오른쪽부터 돌아가며 이야기 나누겠습니다.

· 활동: 토킹스틱을 돌려가며 세 번째 주제 질문에 대해 이야기 나누기

▶ 닫는 의식

이제 오늘의 학부모마실을 마무리하겠습니다. 오늘 교육과정 설명회와 만남의 시간을 함께한 소감을 돌아가며 나눠볼까요?

· 활동: 토킹스틱을 돌려가며 이야기 나누기

저는 오늘 이 시간을 통해 학부모님들께서 학급 운영 방식을 이해하고 담임교사에 대한 신뢰를 가지셨으면 좋겠습니다. 또한 학부모님들께서도 같은 반이라는 인연 속에서 서로의 마음을 나누는 따뜻한 시간이 되셨길 바랍니다.

이상으로 3월 교육과정 설명회를 마치겠습니다. 함께해주셔서 감사합니다.

💡 준비물 및 운영 팁(Tip)

• 서클 준비물

– ㄷ자 형태로 책상과 의자 배치 (참석 인원수에 맞게)

– 토킹스틱: 카네이션 볼펜

– 기타: 여는 시, 소망단어 자기소개용 PPT 자료

• 운영 팁

– 학급 내 특수교육 대상 학생 등 지원이 필요한 학생이 있는 경우,
　해당 학부모가 다른 학부모에게 전하고 싶은 이야기를 나눌 수 있
　는 시간을 마련해도 좋다.

4월 학부모 신뢰서클
: 채움과 비움

운영 목적

4월 학부모마실은 그림책을 매개로 한 신뢰서클 방식으로 진행하였다. 3월에는 교육과정 설명회와 학부모마실을 겸했기 때문에, 이번 모임이 진정한 의미에서 첫 번째 학부모마실이었다.

신뢰서클에 그림책을 활용한 이유는, 본격적인 주제 대화로 바로 들어가기보다 그림책을 통해 관련 주제를 자연스럽게 떠올리고 마음을 여는 시간이 될 수 있다고 생각했기 때문이다.

이날 함께 읽은 그림책은 『꽉찬이와 텅빈이』이다. 이 책을 첫 그림책으로 선택한 이유는 번역가의 다음 말이 마음 깊이 와닿았기 때문이다.

> 나와 다른 존재와의 만남은 언제나 놀라움과 기대를 안겨줍니다. 서로 다름을 인정하고 자신을 조금 비우고 상대방을 받아들이면, 얼마든지 더 성숙하고 풍성한 내가 될 수 있다는 메시지를 이 아름다운 책은 전해줍니다.
> – 번역가 엄혜숙

그림책 소개

'꽉찬이와 텅빈이'라는 그림책의 내용을 간단히 소개하면 아래와 같다.

머리부터 발끝까지 꽉 차서 빈 곳이 전혀 없는 '꽉찬이'와, 모든 것이 비어 있어 무엇이든 담을 수 있는 '텅빈이'가 만난다. 서로를 이해하지 못하던 두 존재는 서로의 경험이 궁금해지고, 아픔을 참고 자신의 일부를 나누며 '비움'과 '채움'의 기쁨을 함께 느끼게 된다. 이 책은 흑백의 대비를 통해 비움과 채움의 의미, 그리고 공감과 소통을 통한 성장을 상징적으로 그려낸다.

활동 흐름

① 여는 의식

- 환영 인사 나누기

② 여는 질문 및 활동

- 별칭 목걸이 명찰 만들기
- 내가 정한 별칭은 무엇이며, 그렇게 정한 이유는 무엇인가요?

③ 주제 질문 및 활동

- 그림책『꽉찬이와 텅빈이』읽기
- 내가 채우고 싶은 것은 무엇이고, 비우고 싶은 것은 무엇인가요?

④ 닫는 의식

- 옆 사람에게 주고 싶은 선물 이야기 나누기
- 소감 나누기

활동 내용 시나리오

▶ 여는 의식(환영 인사, 규칙 및 토킹스틱 소개)

첫 학부모마실에 함께해주셔서 감사드립니다. 오늘 이 자리는 교사와 학부모로서가 아니라, ㅁㅁ반의 한 구성원으로서 동등하게 만나는 자리입니다.

학부모마실은 ㅁㅁ반 아이들과 함께했던 것처럼 서클의 방식으로 진행됩니다.

서클은 원형으로 둘러앉아 서로의 이야기를 경청하고, 마음을 진솔하게 나누는 자리입니다.

이야기의 기본 규칙은 다음과 같습니다.

– 토킹스틱을 가진 사람만 이야기하기

– 경청하기

– 끝까지 함께하기

– 서클 안에서 나온 이야기는 비밀로 하기

오늘의 토킹스틱은 고슴도치 인형입니다. 고슴도치는 낯선 이에게는 가시를 세우지만, 가까운 이에게는 부드러운 털을 내어준다고 합니다.

오늘 학부모마실을 통해 우리도 서로에게 마음을 열고, 친밀한 고슴도치 같은 관계가 되길 바랍니다.

▶ 여는 질문 및 활동

먼저 이번 학부모마실에서 사용할 별칭을 지어보려고 해요. 나의 생각, 가치, 성향이 담긴 단어 중 하나를 선택하여 별칭으로 정해 목걸이 명찰에 적어주세요. 작성을 마친 뒤 명찰을 착용합니다.

· 활동: 생각하고 적을 시간 주기, 교사(사회자)가 정한 별칭을 먼저 소개해
　　도 좋음

모두 준비되셨다면, 제 오른쪽부터 돌아가며 자신이 정한 별칭과 그 이유를 이야기해 볼까요?

· 활동: 토킹스틱을 돌려가며 여는 질문에 대해 이야기 나누기

▶ 주제 질문 및 활동

이제 함께 그림책을 읽고 이야기를 나누겠습니다. 오늘의 그림책은 『꽉찬이와 텅빈이』입니다.

· 활동: 그림책 읽어주기, 교사가 직접 낭독

이야기를 잘 들으셨나요? 이야기를 들으며 느낀 감정과 생각은 각자의 몫으로 남겨두고 싶습니다. 그림책이 마음에 남았다면, 일상 속에서 그 여운을 천천히 음미해보세요.

이제 보드판의 왼쪽에는 내가 '채우고 싶은 것' 한 가지를, 오른쪽에는 '비우고 싶은 것' 한 가지를 적어보겠습니다.

· 활동: 보드판에 채움과 비움 항목을 한 가지씩 적기, 참석자들이 작성하는
　　　　시간 제공

작성한 뒤에는 제 왼쪽부터 돌아가며 내가 채우고 싶은 것과 비우고 싶은 것을 이야기해봅니다. 이야기를 마친 후, 보드판은 지우지 말고 그대로 책상 오른쪽에 놓아주세요.

· 활동: 토킹스틱을 돌려가며 주제 질문에 대해 이야기 나누기

▶ 닫는 의식

이제 오늘의 학부모마실을 마무리하겠습니다. 내 오른쪽에 앉은 분의 보드판에 적힌 내용을 보고, 그분께 어떤 선물을 드리고 싶은지 이야기해 볼까요? 선물을 고른 이유와 함께 오늘 느낀 소감도 나눠주시면 좋겠습니다.

예를 들어, "제 오른쪽에 계신 (별칭)님께 예쁜 소라 껍데기를 선물하고 싶습니다. 소라 껍데기를 귀에 대고 파도 소리를 들으시며 잠시 걱정을 내려놓으셨으면 합니다." 이런 식으로 마음을 전하면 좋습니다.

오늘 첫 학부모마실을 준비하면서 다소 긴장도 되었지만, 저 역시 따뜻하고 즐거운 시간이었습니다. 다음 학부모마실에서도 다시 만나 뵙길 바랍니다. 제 오른쪽으로 토킹스틱을 돌리겠습니다.

· 활동: 토킹스틱을 돌려가며 주고 싶은 선물과 소감 나누기

이상으로 4월 학부모마실을 마치겠습니다. 함께해주셔서 감사합니다.

💡 준비물 및 운영 팁(Tip)

• 서클 준비물

– 원형으로 책상과 의자 배치

– 센터피스: 화병, 서클 규칙 종이

– 토킹스틱: 고슴도치 인형

  그림책:『꽉찬이와 텅빈이』

  기타: 목걸이 명찰, 검정 유성매직, 육각 보드판 및 보드마카

    (참석 인원 수만큼)

• 운영 팁

– 목걸이 명찰 대신 삼각기둥 형태의 이름표를 사용해도 좋다.

– 진행자가 먼저 자신의 이야기를 솔직히 나누는 것이 분위기 형성에
도움이 된다.

– 휴대전화나 메신저 알림은 꺼둔다.

– 개인의 성장 과정, 가치관과 성향이 드러나는 별칭을 통해 서로를
더 잘 이해할 수 있다. 별칭을 지어 이후 학부모마실에서 이름 대신
부르면 좋다.

5월 학부모 신뢰서클
: 가족과의 추억

운영 목적

5월 학부모마실에서 함께 나눈 그림책은 『기억의 풍선』이었다.

5월은 어린이날과 어버이날이 있는 '가정의 달'이다. 학부모님들은 자녀의 부모이기도 하지만, 동시에 부모님의 자녀이기도 하다. 어릴 적 부모님에게서 이어받은 무형의 정신적 자산들은 또 다른 세대로 전해진다. 이번 학부모마실에서는 그림책을 통해 내가 태어난 '원가족'과, 결혼과 출산이라는 선택으로 만들어진 '새로운 가족'을 잇는 어떤 연결에 대해 함께 이야기 나누고자 했다.

그림책 소개

'기억의 풍선'이라는 그림책의 내용을 간단히 소개하면 아래와 같다.

사람은 추억으로 살아간다. 나이가 들수록 추억의 풍선은 점점 많아진다. 하지만 어느 날 기억을 잃고, 자신과 관련된 사람이나 일을 알아보지 못하게 된다면 우리는 어떻게 해야 할까?

이 책은 자신과의 추억이 담긴 풍선을 놓아버린 할아버지를 보며 서운해하는 소년에게, 엄마와 아빠가 "할아버지가 나누어주신 추억은 이제 네가 가지고 있는 거야."라고 말하며 위로하는 이야기다.

상실과 죽음을 넘어 세대를 통해 전해지는 사랑과 치유의 힘을 따뜻하게 담은 그림책이다.

활동 흐름

① 여는 의식

- 환영 인사 나누기

② 여는 질문

- 가족이란 네모다. 왜냐하면 무엇하기 때문이다.

③ 주제 질문 및 활동

- 그림책 『기억의 풍선』 읽기
- 부모님과의 기억의 풍선 세 가지 적기
- 부모님에게 받은 기억의 풍선 중 자녀에게 전하고 싶은 것은 무엇인 가요?

④ 닫는 의식

- 인상 깊었던 이야기와 소감 나누기

활동 내용 시나리오

▶ 여는 의식(환영 인사, 규칙 및 토킹스틱 소개)

5월 학부모마실에 함께해주셔서 감사합니다. 이번 모임은 가정의 달을 맞아 '가족의 의미'를 함께 생각해보는 시간으로 준비했습니다.

우리 모두는 태어나며 얻은 원가족과, 선택으로 만들어진 새로운 가족이라는 두 개의 가족을 가지고 있습니다. 원가족에서의 부정적인 경험은 끊어내고, 긍정적인 경험은 발전시켜 자녀에게 더 나은 가족 문화를 물려주는 것, 그것이 부모의 과업일지도 모릅니다.

오늘의 모임은 서클의 방식으로 진행됩니다. 서클은 둥글게 둘러앉아 서로의 이야기에 경청하고 자신의 마음을 진솔하게 나누는 대화의 형식입니다. 원래 아메리카 원주민들이 의사결정을 위해 사용하던 대화법으로, 토킹스틱을 돌려가며 이야기를 나누는 것이 특징입니다.

오늘 사용할 토킹스틱은 전통의 의미를 담은 인디언 막대입니다. 서클의 규칙은 네 가지입니다.

- 토킹스틱을 가진 사람만 이야기하기

- 서로의 이야기에 경청하기

- 끝까지 함께하기

- 서클에서 나눈 이야기는 비밀로 지키기

별칭 목걸이를 아직 만들지 않은 분들은 간단히 만들어 착용해주시고, 별칭과 그 이유를 나누며 인사를 나눕니다.

▶ 여는 질문

그럼 여는 질문부터 시작해볼까요? "가족이란 네모다. 왜냐하면 무엇하기 때문이다." 생각할 시간을 잠시 드린 뒤, 오른쪽부터 돌아가며 이야기해볼까요?

그럼 저부터 말씀드릴게요. 가족이란 무거운 배낭입니다. 메고 걷는 것은 힘들지만, 가파른 길을 오를 때는 뒤로 넘어지지 않게 해주기 때문입니다.

· 활동: 토킹스틱을 돌려가며 여는 질문에 대해 이야기 나누기

▶ 주제 질문 및 활동

다음으로 그림책을 읽고 주제 질문을 나누겠습니다. 오늘 함께 읽을 책

은 『기억의 풍선』입니다.

　　· 활동: 그림책 읽어주기, 교사가 직접 낭독

그림책에 대한 감상은 각자의 마음속에 남겨두는 것이 가장 좋습니다. 이야기가 마음에 와닿았다면, 일상 속에서 그 여운을 충분히 느껴보시길 바랍니다.

이제 풍선 모양의 활동지에 부모님과 함께한 기억 중 잊고 싶지 않은 추억 세 가지를 적어봅니다. 시간이 남는다면 마카펜으로 풍선을 꾸며보세요.

　　· 활동: 보드판에 부모님과의 기억의 풍선 세 가지 적기, 참석자들이 작성하
　　　　　는 시간 제공

이제 왼쪽부터 돌아가며 부모님과의 기억의 풍선 세 가지가 무엇인지 이야기해 볼까요?

　　· 활동: 토킹스틱을 돌려가며 첫 번째 주제 질문에 대해 이야기 나누기

원가족과의 소중한 추억을 공유해주셔서 감사합니다. 다음으로, 부모님에게서 받은 기억의 풍선 중 자녀에게 전하고 싶은 풍선을 한 가지 골라 이야기합니다. 그 이유도 함께 이야기해주세요.

　　· 활동: 토킹스틱을 돌려가며 두 번째 주제 질문에 대해 이야기 나누기

　　▶ 닫는 의식

이제 오늘의 학부모마실을 마무리하겠습니다. 오늘 인상 깊었던 이야기나 느낀 점을 자유롭게 나눠주세요.

　　· 활동: 소감 및 배운 점 나누기

이상으로 5월 학부모마실을 마치겠습니다. 다음 6월 학부모마실에서도 꼭 다시 뵙기를 바라며, 귀갓길 안전히 돌아가시기 바랍니다.

• 서클 준비물

– 원형으로 책상과 의자 배치

– 센터피스: 화병, 서클 규칙 종이

– 토킹스틱: 인디언 막대

　그림책:『기억의 풍선』

　기타: 풍선 모양 활동지 (1인당 3개 이상), 마카펜 (2인 1세트)

• 운영 팁

– 5~8명 기준 약 40분 정도 소요된다.

– 진행자가 먼저 자신을 열고 이야기하는 것이 좋다.

– 휴대전화와 학급 메신저는 잠시 꺼둔다.

– 완성된 풍선 활동지를 모아 게시하면 좋다.

6월 학부모 신뢰서클
: 관계에서의 상처와 도전

운영 목적

6월 학부모마실에서 함께 나눈 그림책은 『핑』이었다. 6월쯤이 되면 연초에 세웠던 계획이 흐지부지되거나, 새로운 관계와 만남에서 느꼈던 설렘이 실망으로 바뀌는 경험을 하곤 한다. 이번 학부모마실에서는 나 자신과 인간관계에서 겪는 좌절과 상처를 돌아보고, 다시 용기 내어 다양한 시도를 시작해보자는 의미로 이 책을 함께 읽고 신뢰서클을 운영하였다.

그림책 소개

'핑'이라는 그림책의 내용을 간단히 소개하면 아래와 같다.

핑은 다양한 방식의 의사소통을 뜻한다. 목소리로, 손가락으로, 붓으로, 몸짓으로, 시를 통해서 등 여러 형태로 나타날 수 있다.

우리는 '핑'만 할 수 있으며, '퐁'은 상대방의 몫이다. 핑을 보내는 사람과 퐁을 받는 사람의 반응은 다를 수밖에 없다. 작가는 우리가 삶 속에서 다양한 퐁을 원한다면, 먼저 많은 핑을 보내야 하며, 온 마음으로 핑을 했다면 열린 마음으로 상대방의 퐁을 기다려야 한다고 말한다. 또한 두려움이 있더라도 용기 내어 새로운 핑을 시도하라고 권유한다.

활동 흐름

① 여는 의식

· 환영 인사 나누기

② 여는 질문

· 10점을 만점으로 했을 때, 요즘 나의 몸과 마음의 상태는 몇 점인가
요? 그리고 그 이유는 무엇인가요?

③ 주제 질문 및 활동

· 그림책 『핑』 읽기

· 내가 핑을 했을 때 상처받았던 경험은 무엇인가요?

· 옆 사람에게 공감과 위로의 말 전하기

· 내가 앞으로 시도하고 싶은 새로운 핑은 무엇인가요?

④ 닫는 의식

· 인상 깊었던 이야기와 소감 나누기

활동 내용 시나리오

▶ 여는 의식(환영 인사, 규칙 및 토킹스틱 소개)

6월 학부모마실에 함께해주서서 감사합니다. 오늘 이 자리는 교사와 학
부모의 관계가 아니라, ㅁㅁ반의 한 구성원으로서 서로를 동등하게 만나는
자리입니다.

학부모마실은 학생들과 함께했던 것처럼 서클의 방식으로 운영됩니다.
서클은 둥글게 앉아 서로의 이야기에 귀 기울이고, 자신의 마음을 솔직하게
나누는 대화의 형식입니다.

오늘의 토킹스틱은 무지개 공입니다. 이는 그림책과도 연결되며, 서로

다른 색이 어우러져 아름다운 무지개를 이루듯 나와 다른 사람을 존중하며 함께 어울리자는 의미를 담고 있습니다.

서클의 규칙은 다음과 같습니다.

– 토킹스틱을 가진 사람만 이야기하기

– 서로의 이야기에 경청하기

– 끝까지 함께하기

– 서클에서 나눈 이야기는 비밀로 지키기

별칭 목걸이를 아직 만들지 않은 분들은 간단히 만들어 착용해주시고, 별칭과 그 이유를 나누며 인사를 나눕니다.

▶ 여는 질문

그럼 여는 질문부터 시작해볼까요? 요즘 나의 몸과 마음의 상태는 10점 만점 중 몇 점인가요? 그리고 그 이유는 무엇인가요? 잠시 생각한 뒤, 오른쪽부터 돌아가며 이야기해보겠습니다.

· 활동: 토킹스틱을 돌려가며 여는 질문에 대해 이야기 나누기

▶ 주제 질문 및 활동

이제 그림책 『핑』을 함께 읽겠습니다.

· 활동: 그림책 읽어주기, 교사가 직접 낭독

'핑'은 인간관계에서의 시간, 노력, 관심, 애정을 상징한다고 생각합니다. 그러나 '퐁'은 상대방의 자유입니다. 우리는 종종 내가 보낸 핑만큼의 퐁을 기대하고, 그렇지 않을 때 상처를 받기도 합니다.

나이가 들수록 관계에서 받은 상처가 쌓이고, 관계를 맺기 위한 에너지가 줄어들어 새로운 인간관계를 만드는 일이 쉽지 않습니다. 하지만 한 유

튜버는 나이가 들수록 행복하기 위해서는 오히려 낯선 사람과 더 많이 만나야 한다고 이야기 합니다. 친한 사람과는 과거를 이야기하지만, 낯선 사람과는 현재와 미래를 이야기하기 때문입니다.

저에게도 학부모마실은 새로운 '핑'이었습니다. 용기 내어 시작한 이 시도에 함께해주셔서 감사합니다.

이제 그림책과 관련된 질문을 나눠보겠습니다.

첫 번째 질문은 '내가 핑을 했을 때 상처받았던 경험은 무엇인가요?'입니다.

직장, 가정, 친구 관계 등에서 노력에 대한 보답을 받지 못해 서운하거나 속상했던 경험을 떠올려보세요. 생각나는 내용을 자유롭게 적어봅니다.

· 활동: 보드판에 '핑'을 했을 때 상처받았던 경험 적기, 참석자들이 작성하는 시간 제공

이제 왼쪽부터 돌아가며 이야기를 나누겠습니다.

· 활동: 토킹스틱을 돌려가며 첫 번째 주제 질문에 대해 이야기 나누기

공동체 안에서 우리는 크고 작은 상처를 받습니다. 그러나 '파커 팔머'는 공동체를 이렇게 정의했습니다.

"내가 가장 함께하고 싶지 않은 사람이 있는 곳, 그러나 그 사람이 떠나면 비슷한 사람이 또 나타나는 곳."

상처는 피할 수 없지만, 그 상처를 보듬어주고 회복을 돕는 사람들 또한 공동체 안에 존재합니다.

이제 오른쪽에 앉은 분의 보드판을 보고, 공감과 위로의 말을 한 마디씩 전해보겠습니다.

'(별칭)님에게 ~라고 말해주고 싶어요. 왜냐하면 ~이기 때문이에요.'의 형식으로 표현해보세요.

· 활동: 오른쪽 사람의 상처 경험을 보고 돌아가며 공감과 위로의 말 나누기

이제 마지막 질문입니다. 보드판의 글을 지우고, 내가 앞으로 새롭게 시도하고 싶은 핑을 적어봅시다.

· 활동: 보드판에 나의 다음 '핑' 적기, 참석자들이 작성하는 시간 제공)

왼쪽부터 돌아가며 나의 다음 핑을 이야기하고, 각자의 이야기가 끝날 때마다 서로를 응원하는 의미로 힘찬 박수를 보내주세요.

· 활동: 토킹스틱을 돌려가며 두 번째 주제 질문에 대해 이야기 나누기

▶ 닫는 의식

오늘의 학부모마실을 마무리하겠습니다. 오늘 인상 깊었던 이야기나 느낀 점을 자유롭게 나눠주세요.

· 활동: 소감 및 배운 점 나누기

이상으로 6월 학부모마실을 마칩니다. 다음 7월 학부모마실은 1학기 마지막 모임으로, 즐겁고 특별한 활동으로 준비하겠습니다. 오늘 함께해주셔서 감사합니다.

• 서클 준비물

- 원형으로 책상과 의자 배치
- 센터피스: 화병, 서클 규칙 종이
- 토킹스틱: 무지개 공

  그림책:『핑』

  기타: 육각 보드판 및 보드마카 (참석 인원 수만큼)

• 운영 팁

- 5~8명 기준 약 40분 정도 소요된다.
- 진행자가 먼저 자신을 열고 이야기하는 것이 좋다.
- 휴대전화와 학급 메신저는 잠시 꺼둔다.
- 관계에서 상처받은 경험을 나눌 때는 편안하고 안전한 분위기를 조
  성한다.

7월 학부모 신뢰서클
: 색으로 나를 만나다

운영 목적

7월 학부모마실은 1학기가 마무리되는 시점이었기 때문에, 흥미 위주의 가벼운 활동으로 진행해보고자 했다. 주제를 '색깔'로 정하고, 색깔과 관련된 그림책을 읽은 뒤 색깔 심리테스트나 퍼스널 컬러 진단과 같은 활동을 함께 해보면 재미있을 것이라 생각했다.

이날 소개한 그림책은 『안녕? 나의 핑크 블루』이다.

그림책 소개

'안녕, 나의 핑크 블루'라는 그림책의 내용을 간단히 소개하면 다음과 같다.

사진작가 윤정미의 사진 프로젝트를 바탕으로 출간된 동명의 사진 그림책이다.
책 속에는 아이들이 좋아하는 핑크색 물건이나 파란색 물건으로 가득한 방에서 촬영한 사진들이 가득 담겨 있다.
내용은 핑크색만 좋아하던 아이가 다양한 색을 경험하며 자신만의 색을 찾아가는 성장 이야기다.
젠더에 따라 색을 구분 짓는 사회적 편견을 넘어서, 모든 색이 아름답게 조화를 이루는 무지개처럼 각자가 자신만의 색깔을 발견하자는 메시지를 전하고 있다.

활동 흐름

① 여는 의식

 • 환영 인사 나누기

② 여는 질문

 • 오늘 나의 기분을 색으로 표현하면 어떤 색인가요?

  그 이유는 무엇인가요?

③ 주제 질문 및 활동

 • 『안녕? 나의 핑크 블루』 그림책 읽기

 • 내가 좋아하는 색깔은 어떻게 변해왔나요?

 • 색깔로 알아보는 심리테스트 결과 중 가장 의미 있게 다가온 색깔은

  무엇인가요? 그 이유는 무엇인가요?

 • 나에게 맞는 퍼스널 컬러로 하고 싶은 '소소하지만 확실한 쇼핑'이 있

  다면 무엇인가요?

④ 닫는 의식

 • 학부모마실은 네모다. 왜냐하면 무엇하기 때문이다.

활동 내용 시나리오

▶ 여는 의식(환영 인사, 토킹스틱 소개)

7월 학부모마실에 참여해주셔서 감사합니다. 오늘 이 자리는 교사와 학
부모가 아닌, ㅁㅁ반의 한 구성원으로서 동등하게 만나는 자리입니다. 학부
모마실은 아이들과 함께했던 서클 방식으로 진행됩니다. 서클은 둥글게 앉

아 서로의 이야기에 귀 기울이고 자신의 마음을 진솔하게 나누는 대화의 자리입니다.

오늘의 토킹스틱은 여러 색깔을 담은 물방울 큐빅입니다. 오늘의 주제인 색깔과도 관련이 있고, 내면이 빛나는 사람이 되자는 의미도 담고 있습니다.

오늘은 색깔을 주제로 그림책을 읽고, 색깔 심리테스트와 퍼스널 컬러 진단 등 색과 관련된 다양한 활동을 함께해볼 예정입니다.

▶ 여는 질문

그럼 여는 질문부터 시작해볼까요? 오늘 나의 기분을 색으로 표현하면 어떤 색인가요? 그리고 그 이유는 무엇인가요? 잠시 생각할 시간을 가진 뒤, 제 오른쪽부터 돌아가며 이야기해보겠습니다.

· 활동: 토킹스틱을 돌려가며 여는 질문에 대해 이야기 나누기

▶ 주제 질문 및 활동

이제 함께 그림책을 읽고 주제 질문을 나누어보겠습니다. 오늘 함께 읽을 책은 『안녕? 나의 핑크 블루』입니다.

· 활동: 그림책 읽어주기, 교사가 직접 낭독

이 책은 사진작가의 사진 프로젝트를 바탕으로 한 그림책입니다. 작가는 딸이 핑크색을 좋아하는 모습을 보며 젠더와 색상에 대한 사회적 고정관념에 의문을 품고 프로젝트를 시작했다고 합니다.

저 또한 자녀를 키울 때를 돌아보면, 남자아이는 파란색, 여자아이는 핑크색 물건을 자연스럽게 선택하곤 했습니다. 그러다 나이가 들수록 유채색보다 무채색을 선호하게 되지요. 꼭 검정색을 좋아해서는 아니겠지만, 겨울

철 학생들이 검정 외투를 많이 입는 모습도 그런 예라 할 수 있습니다.

여러분은 어떠신가요? 내가 좋아했던 색깔은 어떻게 변해왔나요? 내가 좋아했던 색 변화의 역사를 함께 이야기해보겠습니다.

· 활동: 토킹스틱을 돌려가며 첫 번째 주제 질문에 대해 이야기 나누기

다음은 색깔로 알아보는 심리테스트입니다. 완벽하게 들어맞지 않더라도, 나의 심리 상태나 내면을 돌아보는 계기가 될 수 있으니, 함께 즐겁게 해보면 좋겠습니다. 인터넷에서 찾을 수 있는 다양한 색깔 심리테스트 중에 한 가지를 골라왔어요.

· 활동: 색깔 심리테스트 활동지를 수행하고 해석 결과 읽기

심리테스트 결과를 모두 확인하셨나요? 심리테스트 결과 중 나에게 의미 있게 다가왔던 색깔은 무엇이고, 그 이유는 무엇인가요? 제 오른쪽으로 돌아가며 이야기해 보겠습니다.

· 활동: 토킹스틱을 돌려가며 두 번째 주제 질문에 대해 이야기 나누기

이제 휴대폰 어플을 활용해 퍼스널 컬러 진단을 해보겠습니다. 한때 나에게 어울리는 색을 찾아 나만의 매력을 표현하는 방법으로 퍼스널 컬러가 유행했었어요. 여러분은 자신의 퍼스널 컬러가 무엇인지 잘 알고 계신가요?

어플 설치 후 안내에 따라 퍼스널 컬러 매칭을 시작합니다. 어울리는 입술 색을 통해 퍼스널 컬러를 찾는 것이라, 립스틱 색깔을 지운 다음 촬영하면 결과가 더 정확하다고 합니다.

· 활동: 퍼스널 컬러를 진단하는 휴대폰 어플을 깔고 퍼스널 컬러 찾기, 참석
　　　　자들이 수행하는 시간 제공

결과를 확인하셨다면, 나에게 맞는 퍼스널 컬러로 하고 싶은 '소소하지만 확실한 쇼핑'이 있다면 무엇인지 이야기해보겠습니다.

· 활동: 토킹스틱을 돌려가며 세 번째 주제 질문에 대해 이야기 나누기

▶ 닫는 의식

이제 오늘 학부모마실을 마무리하겠습니다. 벌써 1학기 마지막 모임이네요.

한 학기 동안 학부모마실은 여러분에게 어떤 의미였나요? '학부모마실은 네모다.'의 빈칸에 어울리는 단어를 생각해보며 소감을 나누어볼까요?

저부터 말씀드리면, 학부모마실은 모닥불입니다. 처음 불을 피우는 것은 어렵지만, 불이 붙고 나면 오랫동안 온기를 나눌 수 있기 때문입니다.

· 활동: 토킹스틱을 돌려가며 소감 나누기

한 학기 동안 함께해주셔서 감사합니다. 저에게도 학부모님들과 인간적으로 깊이 만날 수 있었던 소중한 시간이었습니다. 학부모마실을 준비하는 부담보다 설렘과 기대가 더 커졌던 한 학기였습니다. 자녀와 함께 즐겁고 건강한 여름방학 보내시고, 2학기 8월 학부모마실에서 다시 뵙겠습니다.

💡 준비물 및 운영 팁(Tip)

• 서클 준비물

– 원형으로 책상과 의자 배치

– 센터피스: 화병, 서클 규칙 종이

– 토킹스틱: 물방울 큐빅(손에 쥘 만한 크기)

　그림책:『안녕? 나의 핑크 블루』

　기타: 색깔 심리테스트 활동지 및 해석 결과지, 퍼스널 컬러 진단

　　　어플 설치 안내지 (참석 인원 수만큼)

• 운영 팁

– 색깔 심리테스트 자료는 아래 블로그를 참고하였다.

　https://m.blog.naver.com/hahayouuu/223121192039

– 퍼스널 컬러 진단은 휴대폰 어플 '잼페이스'를 활용하였다.

– 교내 무선인터넷 아이디와 비밀번호를 미리 확인해둔다.

8월 학부모 신뢰서클
: 과거, 현재, 그리고 미래의 나

운영 목적

8월 학부모마실에서 함께한 그림책은 조수경 작가의 『나』이다.

부모가 된 우리는 어린 시절의 '아이였던 나'를 종종 잊고 살아간다. 과거의 나, 현재의 나, 그리고 미래의 나는 모두 같은 '나'이지만, 동시에 서로 다른 존재이기도 하다.

이번 학부모마실에서는 그림책 『나』를 함께 읽으며, 지금의 내가 과거의 나에게 해주고 싶은 말, 미래의 내가 지금의 나에게 전해주었으면 하는 말을 나누며 서로의 인생을 응원하는 시간을 가지고자 했다.

그림책 소개

'나'라는 그림책의 내용을 간단히 소개하면 다음과 같다.

이 책은 아이의 시점과 어른의 시점에서 두 개의 이야기가 동시에 펼쳐지는 그림책이다. 공부에 지친 아이는 미래에서 온 '어른인 나'를 통해 공부가 아닌 다양한 경험의 세계를 만나며 막연한 두려움을 극복한다.

가면을 쓰고 살아가던 어른은 어린 시절의 자신을 다시 만나며 더 이상 가면을 쓰지 않고 진짜 자신의 모습으로 살아가기로 결심한다.

어른은 어른대로, 아이는 아이대로 각자의 삶의 무게를 지니고 있지만, 두 존재를 이어주는 파란 끈은 희망의 상징이다.

이 책은 지나온 시간들이 모여 지금의 나를 만들어낸다는 '나의 역사'에 대해 생각하게 하는 작품이다[2].

2) 「강민자의 그림책 여행: 나는 어떤 사람일까?」 충청매일 2021.12.16.자 칼럼 참고

활동 흐름

① 여는 의식

- 환영 인사 나누기

② 여는 질문

- 자녀와 여름방학 동안 있었던 일 중 기억에 남는 일은 무엇인가요?

③ 주제 질문 및 활동

- 『나』 그림책 읽기
- 지금의 내가 10년 전의 나를 만난다면, 어떤 이야기를 해주고 싶나요?
- 10년 뒤의 내가 지금의 나를 찾아온다면, 어떤 이야기를 해주면 좋을까요?
- 10년 뒤의 내가 지금의 나에게 편지 쓰기

④ 닫는 의식

- 소감 및 덕담 나누기

활동 내용 시나리오

▶ 여는 의식(환영 인사, 규칙 및 토킹스틱 소개)

8월 학부모마실에 함께해주셔서 감사합니다. 오늘의 주제는 '나'입니다. 나는 우주에서 단 하나뿐인 존재이며, 내가 없으면 세상도 존재하지 않습니다. 그렇다면 지금의 나는 어떻게 만들어졌을까요? 오늘은 층층이 쌓인 시간 속에서 형성된 '나'를 돌아보며, 그림책을 읽고 서로의 이야기를 나누는 시간을 가지려 합니다.

오늘의 모임은 서클 방식으로 진행됩니다. 서클은 원형으로 앉아 서로의 이야기를 경청하고, 자신의 마음을 진솔하게 나누는 대화의 자리입니다. 둥근 자리는 소외됨이 없는 동등한 관계를 상징합니다.

오늘의 토킹스틱은 실 팔찌입니다. 나를 이루는 날실과 씨실 같은 시간의 의미를 담았으며, 자신의 차례가 오면 손에 쥐거나 팔에 걸고 이야기하면 됩니다.

서클의 기본 규칙은 다음과 같습니다.

– 토킹스틱을 가진 사람만 이야기한다.

– 서로의 이야기에 경청한다.

– 끝까지 함께한다.

– 서클에서 나눈 이야기는 비밀로 지킨다.

▶ 여는 질문

그럼 여는 질문부터 시작해볼까요? 자녀와 여름방학에 있었던 일 중 기억에 남는 일은 무엇인가요? 잠시 생각할 시간을 가진 후, 제 오른쪽에 계신 분부터 차례로 이야기 나눠보겠습니다. 저는 마지막 차례로 이야기 하겠습니다. 자녀와 여름방학에 있었던 일 중 기억에 남는 일은 무엇인가요?

· 활동: 토킹스틱을 돌려가며 여는 질문에 대해 이야기 나누기

방학 동안 자녀와 함께한 소중한 시간이 부모로서의 추억으로 남았으리라 생각합니다.

▶ 주제 질문 및 활동

이제 그림책 『나』를 함께 읽어보겠습니다. 이 책은 한 권을 펼치면 두 개

의 작은 책으로 나뉘며, 아이와 어른의 시점에서 서로 다른 이야기가 펼쳐집니다. 아이의 이야기와 어른의 이야기를 차례로 읽어드리겠습니다.

· 활동: 그림책 읽어주기, 교사가 직접 낭독

이 책은 짧지만 여운이 길게 남는 작품입니다. 그림책의 의미를 해석하기보다, 각자의 삶 속에서 느껴지는 울림을 스스로 음미해보면 좋겠습니다.

첫 번째 주제 질문입니다. 지금의 내가 10년 전의 나를 만난다면 어떤 이야기를 해주고 싶나요?

십대의 나, 이십대의 나, 삼십대의 나, 그리고 지금의 나는 같은 사람이면서도 전혀 다른 사람입니다. 그 시절 나를 괴롭히던 일들이 지금은 별일 아닐 수도 있고, 지나고 보니 후회되거나 그리운 일일 수도 있습니다. 이제 제 왼쪽부터 돌아가며 나누어보겠습니다.

· 활동: 토킹스틱을 돌려가며 첫 번째 주제 질문에 대해 이야기 나누기

두 번째 주제 질문입니다. 10년 뒤의 내가 지금의 나를 찾아온다면, 어떤 이야기를 해주면 좋을까요? 이번에는 '미래의 나'가 '현재의 나'에게 보내는 편지를 써보겠습니다.

편지의 제목은 '20□□년의 내가 20□□년의 나에게'로 정합니다. 준비된 편지지에 자유롭게 써보세요. 한 장으로 부족하다면 두 장까지 써도 좋습니다.

· 활동: 준비된 편지지에 편지 쓰기, 참석자들이 작성하는 시간 제공

편지를 다 쓰셨나요? 이제 오른쪽부터 돌아가며 자신이 쓴 편지를 함께 읽어보겠습니다.

· 활동: 토킹스틱을 오른쪽으로 돌려가며 편지 읽기

오늘의 이 편지는 '타임캡슐'로 남겨둘 예정입니다. 유리병 안에 편지를 말아 넣고, 꽃잎과 함께 장식한 뒤 밀봉합니다.

순서는 다음과 같아요. (시범 보이며 설명)

– 옆 사람의 편지를 말아 금속링에 끼운다.

– 유리병 안에 편지를 넣고, 마음에 드는 꽃잎과 꽃줄기를 담는다.

– 코르크 마개를 닫는다.

– 오른쪽 옆자리 분께 "응원의 선물입니다."라고 말하며 전달한다.

받으신 분부터 계속 이어가며 선물을 전달해볼까요?

· 활동: 오른쪽으로 이어가며 유리병 편지를 만들어 전달하기

이렇게 완성된 유리병은 각자 집으로 가져가 십 년 뒤에 열어보세요. 오늘의 다짐과 소망이 그때의 자신에게 따뜻한 응원이 되길 바랍니다.

· 활동: 유리병 편지 타임캡슐 들고 기념사진 찍기

▶ 닫는 의식

이제 8월 학부모마실을 마무리하겠습니다. 오늘의 활동을 통해 느낀 점이나 함께한 분들께 전하고 싶은 덕담을 나눠볼까요? 제 왼쪽으로 토킹스틱을 돌리고 제가 마무리를 하겠습니다.

· 활동: 토킹스틱을 돌려가며 이야기 나누기

저는 덕담 한 마디를 하겠습니다. 평범함이 쌓여서 위대함이 만들어진다고 생각합니다. ㅁㅁ반 학부모님들의 열심히 사는 평범한 하루를 응원합니다.

9월에는 2학기 교육과정 설명회가 예정되어 있으므로 학부모마실은 쉬어갑니다. 9월 교육과정설명회와 10월 학부모마실에서 다시 만나요. 귀한 시간 함께해주셔서 감사합니다.

💡 준비물 및 운영 팁(Tip)

• 서클 준비물

- 원형으로 책상과 의자 배치

- 센터피스: 화병, 서클 규칙 종이

- 토킹스틱: 오색 실 팔찌

  그림책: 『나』(조수경 글·그림)

  기타: 유리병 편지지, 코르크 유리병, 말린 꽃(참석 인원 수만큼)

• 운영 팁

- 5~8명 기준 약 40분 정도 소요된다.

- 진행자가 먼저 자신을 열고 이야기하는 것이 좋다.

- 휴대전화와 학급 메신저는 잠시 꺼둔다.

- 유리병 편지지를 인터넷에서 구매해 내용물을 분리 후 구성품(편지
  지, 유리병, 꽃)을 활용하였다.

- 편지를 말아서 끼우는 작은 금속링을 잃어버리지 않도록 주의
  한다.

9월 학부모 교육과정 설명회
: 훈육의 기준

운영 목적

2023년 9월은 공교육 정상화를 위한 교사들의 집회로 뜨거웠던 시기였다. 2023년 7월 18일 서울서이초등학교 교사 사망 사건 이후, 교권 회복과 공교육 정상화를 위한 교사들의 집회가 매주 주말마다 이어졌다.

그해 9월 4일은 서이초 교사의 49재에 해당하는 날이었다. 일부 교사들은 이날을 '공교육 멈춤의 날'로 선언하고 재량휴업일 지정, 연가 또는 병가 사용 등을 통해 추모의 뜻을 전하고자 했다. 그러나 교육부는 재량휴업일을 지정한 학교장이나 연가·병가를 사용하는 교원에게 엄중한 징계를 경고하며, 교사와 교육부, 교사와 관리자 간 갈등이 심화되었다.

내가 근무하던 초등학교는 이 위기를 교육공동체의 합의를 통해 슬기롭게 극복한 사례로 언론에 소개된 몇 안 되는 학교 중 하나였다. 9월 4일 재량휴업일 지정에 학부모의 86%가 찬성하였고, 특히 학부모회에서 교사들을 위한 지지 성명을 내며 당일 돌봄을 자발적으로 맡겠다고 나서면서 큰 감동을 주었다. 그 결과, 재량휴업일을 결정한 전국 17개 학교 중 하나가 되었다. 많은 교사들이 '유니콘 같은 학교'라며 부러움을 표했고, 학교는 교육공동체의 신뢰를 한층 더 공고히 할 수 있었다.

이러한 배경 속에서 9월 교육과정 설명회는 1부에서 2학기 교육과정과 학급 운영을 안내하고, 2부에서는 '훈육의 기준'을 함께 논의하는 시간으로 구성하였다. 교사와 학부모 간의 신뢰가 흔들리며 훈육과 체벌의 경계가 모호해진 것은 교육 현장의 중요한 문제이기 때문이다. 훈육의 목적을 함께 이해하고, 가정과 학교가 일관된 기준을 공유하는 일은 매우 의미 있다.

이날 함께 읽은 그림책은 『소리 지르는 꼬마 요리사』였다.

그림책 소개

'소리 지르는 꼬마 요리사'라는 그림책의 내용을 간단히 소개하면 다음과 같다.

쉬지 않고 소리를 지르는 아이가 있다. 어느 날 부모는 아이에게 요리에 대한 재능이 있음을 발견하고 식당을 열어준다. 그러나 아이의 고함 때문에 식당은 문을 닫을 위기에 처한다. 그러던 중 아이는 소리 지르는 대신 노래를 부르는 법을 배우게 된다. 손님들은 이제 노래하는 꼬마 요리사에게 박수를 보내며 식사를 즐긴다. 화를 조절하지 못하던 아이가 요리를 통해 자신을 표현하고 행복을 찾아가는 과정을 담은 그림책이다.

활동 흐름

① 여는 의식

- 시 「아들에게」(문정희) 함께 읽기

② 여는 질문

- 요즘 내가 자녀에게 가장 많이 하는 잔소리는 무엇인가요?

③ 주제 활동

- 『소리 지르는 꼬마 요리사』 그림책 읽기
- 훈육의 의미와 목적 이해하기

• 훈육의 기준 정하기

(기준 3가지 적기 → 2명·4명·8명 순으로 의견 모으기 → 발표하기)

④ 닫는 의식

• 실천 다짐 나누기

활동 내용 시나리오

▶ 여는 의식(여는 시, 토킹스틱 소개)

이제 교육과정 설명회 2부 만남의 시간을 시작하겠습니다. 먼저 문정희 시인의 '아들에게'를 함께 읽으며 마음을 열어볼게요. 시 제목은 '아들에게' 이지만, 부모와 자녀 간의 사랑으로 읽어도 좋습니다. 이 시는 자녀를 향한 부모의 사랑과 간절함, 닿지 않는 마음을 섬세하게 보여줍니다.

· 활동: 함께 시 읽기

2부는 신뢰서클 방식으로 운영됩니다. 신뢰서클은 원형으로 앉아 토킹 스틱을 돌리며 서로의 진솔한 이야기를 나누는 자리입니다. 오늘의 토킹스 틱은 제자가 선물해준 카네이션 볼펜으로, 저에게 특별한 의미가 있는 물건 입니다.

▶ 여는 질문

이제 여는 질문으로 이야기를 시작해볼까요? 부모는 애정 어린 조언을 건넸다고 생각하지만, 자녀는 그것을 잔소리로 받아들이는 경우가 많습니다. 요즘 내가 자녀에게 가장 많이 하는 잔소리는 무엇인가요?

· 활동: 토킹스틱을 돌려가며 여는 질문에 대해 이야기 나누기

▶ 주제 질문 및 활동

이제 함께 그림책을 읽고 '훈육의 기준'에 대해 이야기해보겠습니다. 오늘의 그림책은『소리 지르는 꼬마 요리사』입니다.

· 활동: 그림책 읽어주기, 교사가 직접 낭독

이야기를 들으며 어떤 생각이 드셨나요? 현실에서는 소리를 지르던 아이가 갑자기 재능을 발견하는 일이 쉽지 않지만, 이 이야기 속에는 아이의 분노를 이해하고 감정을 다스릴 수 있도록 돕는 부모의 시선이 담겨 있습니다.

훈육의 기준을 정하기에 앞서 훈육의 의미를 다시 한번 짚어보겠습니다. 훈육이란 의지나 감정을 함양하여 바람직한 인격을 기르는 교육으로, 허용되는 것과 허용되지 않는 것을 스스로 알게 해주는 과정입니다. 올바른 훈육은 아이가 세상을 예측 가능하고 안전한 곳으로 인식하게 하며, 자신의 감정을 조절할 수 있는 힘을 길러줍니다.

이제 활동지에 내가 생각하는 훈육의 기준 3가지를 적어주세요. 내가 생각하는 훈육의 기준 3가지가 무엇인지 돌아가며 이야기해 볼까요?

· 활동: 훈육의 기준 작성 후 돌아가며 이야기 나누기, 참석자들이 작성하는
　　시간 제공

이제 개별 의견을 모아 우리 반의 훈육의 기준을 합의하겠습니다. 피라미드 토의 방식으로 2명 → 4명 → 8명 순으로 의견을 모읍니다. 의견을 수정하거나 합치는 것은 괜찮지만, 삭제는 하지 않습니다. 모둠별 대표가 활동지에 의견을 정리해주시기 바랍니다.

· 활동: 훈육의 기준에 대해 2명 → 4명 → 8명 순으로 의견 모으기

이제 최종 합의된 우리 반 훈육의 기준을 함께 공유하겠습니다.

· 활동: 우리 반 훈육의 기준 공표하기

▶ 닫는 의식

이제 오늘의 만남을 마무리하겠습니다. 오늘 우리가 정한 훈육의 기준을 가정에서 어떻게 실천할지 돌아가며 다짐을 나눠볼까요?

· 활동: 토킹스틱을 돌려가며 이야기 나누기

저 또한 교사로서 학급에서 학생들을 만날 때 오늘의 기준을 마음에 새기겠습니다. 이상으로 9월 교육과정 설명회를 마칩니다. 함께해주셔서 감사합니다.

• 서클 준비물

- ㄷ자 형태로 책상과 의자 배치 (참석 인원수에 맞게)
- 토킹스틱: 카네이션 볼펜
- 기타: 여는 시, 훈육의 기준 토의 활동지(1인 1장) 및 필기도구

• 운영 팁

- 완성된 우리 반 훈육의 기준은 학급 밴드 등을 통해 안내한다.
  가정과 학급에서 동일한 훈육 기준에 따라 학생을 일관성 있게 지
  도할 수 있도록 한다.

10월 학부모 신뢰서클
: 스트레스에 대처하기

운영 목적

10월 학부모마실에서 함께 읽은 그림책은 『스트레스티라노』였다. 어른으로서 가정을 이루고 살아간다는 것은 결코 쉬운 일이 아니다. 집안일, 육아, 회사 일로부터 오는 스트레스가 쌓이다 보면, 가장 소중한 가족에게 그 감정을 풀어내게 되는 경우가 많다. 이번 학부모마실에서는 이 그림책을 함께 읽으며 스트레스와 그 대처 방법에 대해 이야기를 나누었다.

그림책 소개

'스트레스티라노'라는 그림책의 내용을 간단히 소개하면 다음과 같다.

화가 나면 티라노사우루스와 같은 공룡으로 변하는 가족의 이야기다. 힘든 집안일과 육아로 거대한 공룡이 되어버린 엄마, 회사에서 스트레스를 받고 공룡으로 변해 돌아온 아빠, 그리고 그 사이에서 눈치를 보다 결국 공룡으로 변해버린 아이.

아기 공룡의 등장을 본 엄마와 아빠는 자신들의 모습을 돌아보며 다시 사람의 모습으로 돌아온다. 이후 가족은 서로에게 화를 내거나 스트레스를 전가하지 않기 위해 노력하고, 오순도순 지내기 위한 방법을 함께 찾아간다. 가장 가까운 가족일수록 서로에게 상처를 주기보다 배려해야 한다는 메시지를 담고 있다.

활동 흐름

① 여는 의식

- 환영 인사 나누기

② 여는 질문 및 활동

- 착시 그림으로 스트레스 정도 알아보기

③ 주제 질문 및 활동

- 『스트레스티라노』 그림책 읽기

- 내가 스트레스를 많이 받는 상황은 언제인가요?

- 나만의 효과적인 스트레스 대처법이나 해소법이 있다면 무엇인가요?

- '구나! 겠지! 감사!' 명상하기

④ 닫는 의식

- 소감 나누기

활동 내용 시나리오

▶ 여는 의식(환영 인사, 규칙 및 토킹스틱 소개)

10월 학부모마실에 참여해주셔서 감사합니다. 오늘의 마실은 서클의 방식으로 진행됩니다. 서클은 하나의 원형으로 둘러앉아 서로의 이야기를 경청하고 마음을 나누는 자리입니다. 원형 자리 배치는 누구도 소외되지 않는 동등한 관계를 의미합니다.

서클의 기본 규칙은 다음과 같습니다.

– 경청하기

− 토킹스틱을 가진 사람만 이야기하기

− 끝까지 함께하기

− 비밀 유지하기

오늘의 토킹스틱은 스트레스볼 모찌 인형입니다. 차례가 오면 손에 쥐고 이야기하시며, 촉감을 느껴보셔도 좋습니다.

▶ 여는 질문 및 활동

오늘의 주제는 스트레스입니다. 적절한 스트레스는 발전의 원동력이 되기도 하지만, 그것을 잘 관리하기란 쉽지 않습니다. 스트레스는 정신적·신체적 자극으로 인한 긴장감으로, 만병의 근원이라 불릴 만큼 다양한 문제를 유발합니다. 평소 스트레스를 얼마나 받고 있다고 생각하시나요? 간단한 착시 그림으로 내가 받고 있는 스트레스 정도를 알아볼게요.

(스트레스 착시 그림을 화면으로 살펴보며) 이 그림을 천천히 살펴보세요.

1. 움직임 살펴보기

• 움직임이 없으면 정상, 스트레스 없음

• 천천히 움직이면 약간 있음

• 빠르게 움직이면 스트레스가 많음

2. 색깔 비교하기

• 스트레스가 없으면 양쪽 모두 회색

• 스트레스가 많을수록 왼쪽은 파랑, 오른쪽은 빨강으로 더 진하게 대비되어 보임

내가 느끼는 스트레스 정도와 그림 결과가 비슷한가요? 오늘은 스트레스에 대한 재미있는 그림책을 읽고 스트레스 상황과 대처 방법에 대해 서로 이

야기 나누는 시간을 가져보겠습니다.

▶ 주제 질문 및 활동

그럼 이제 함께 그림책을 읽고 질문을 나누겠습니다. 오늘 읽어드릴 그림책은 '스트레스티라노'입니다.

· 활동: 그림책 읽어주기, 교사가 직접 낭독

이야기를 잘 들으셨나요? 육아 상황에서 누구나 티라노사우루스로 변해본 경험이 있으셨을거라 생각해서, 이 책의 내용에 모두 공감하셨을 것 같습니다.

저는 마지막 부분에서 "그래도 우리 가족은 여섯일지 몰라요."라고 말하는 대목이 참 마음에 남았습니다. 내 안의 포악한 공룡의 모습을 부정하지 않고, 그래도 화목하게 잘 지내려고 노력하는 가족의 모습을 보여주니까요.

그렇다면 이 자리에 계신 여러분들은 스트레스 상황을 잘 인지하고 계실까요? 첫 번째 주제 질문입니다. 내가 스트레스를 많이 받는 상황은 언제인가요? 준비되셨다면, 제 왼쪽으로 토킹스틱을 돌리며 이야기를 나누겠습니다.

· 활동: 토킹스틱을 돌려가며 첫 번째 주제 질문에 대해 이야기 나누기

이번에는 두 번째 주제 질문입니다. 나만의 효과적인 스트레스 대처법이나 해소법이 있다면 무엇인가요? 평소 자주 하는 방법도 좋고, 앞으로 시도해보고 싶은 방법도 괜찮습니다.

이번에는 제 오른쪽으로 토킹스틱을 돌리며 이야기 나눠볼게요.

· 활동: 토킹스틱을 돌려가며 두 번째 주제 질문에 대해 이야기 나누기

이제 마지막으로 '구나! 겠지! 감사!' 명상을 함께 해보겠습니다. 이 명상

은 용타 스님의 명상록에서 소개된 마음 다스리기 방법이에요.

'구나!'는 관觀 수행으로 주관적 판단 없이 있는 그대로의 상황을 바라보는 것,

'겠지!'는 명상수행으로 상대방의 입장이 되어 이유를 헤아려보는 것,

'감사!'는 긍정수행으로 상황이 더 나빠지지 않은 것에 감사하는 마음을 가지는 것을 말합니다[3].

저의 경우를 예로 들면 이렇습니다.

1. 스트레스 상황

- 공개수업에서 우리 반 학생들이 수업에 집중을 잘 하지 못하고 딴짓을 계속하는 상황

2. 구나! 겠지! 감사! 명상

- 구나! 우리 반 아이들이 오늘 집중이 잘 안 되는구나.
- 겠지! 5교시 마지막 시간이고, 비가 와서 밖에 나가지 못했으니 힘들었겠지.
- 감사! 그래도 조용히 하자는 말을 들어주고, 수업을 마칠 수 있어서 감사하다.

이제 여러분의 상황으로 연습해보겠습니다. 최근 스트레스를 받았던 일 중, 지금은 어느 정도 정리된 일을 하나 떠올려보세요. 그리고 준비된 활동지에 스트레스 상황과 '구나! 겠지! 감사!'의 내용을 차례로 적어주세요.

· 활동: 활동지 기록하기, 참석자들이 작성하는 시간 제공

다 적으셨다면, 제 왼쪽부터 토킹스틱을 돌리며 각자의 상황과 '구나! 겠지! 감사!'를 나눠볼게요.

· 활동: 토킹스틱을 돌려가며 이야기 나누기

---

3) 용타(2007), 마음 알기 다루기 나누기-용타스님의 명상록, 대원사 참고

스트레스 상황에서 '구나! 겠지! 감사!'로 마음을 돌리는 것이 쉽지는 않지만, 연습을 반복하다 보면 분노나 긴장 대신 여유와 긍정이 자리 잡게 될 거예요.

▶ 닫는 의식

이제 오늘의 학부모마실을 마무리하겠습니다. 오늘 함께한 소감이나 느낀 점을 한마디씩 돌아가며 나눠볼게요. 제 오른쪽으로 토킹스틱을 돌리겠습니다.

· 활동: 토킹스틱을 돌려가며 이야기 나누기

함께해주셔서 감사합니다. 높고 청명한 가을 하늘처럼 스트레스 없는 한 달 보내시고, 11월 학부모마실에서 다시 만나 뵙길 바랍니다. 조심히 돌아가세요.

준비물 및 운영 팁(Tip)

• 서클 준비물

- 원형으로 책상과 의자 배치
- 센터피스: 화병, 서클 규칙 종이
- 토킹스틱: 스트레스볼 모찌 인형

  그림책: 『스트레스티라노』

  기타: '구나! 겠지! 감사!' 기록지(1인 1장) 및 필기도구

• 운영 팁

- 5~8명 기준 약 60분 정도 소요된다.
- 진행자가 먼저 자신을 열고 이야기하는 것이 좋다.
- 휴대전화와 학급 메신저는 잠시 꺼둔다.
- 스트레스 착시 그림은 아래 블로그를 참고하였다.

  https://m.blog.naver.com/artisteblue/221086928049

11월 학부모 신뢰서클
: 나에게 의미 있는 노래

운영 목적

11월 학부모마실은 2학기가 마무리되는 시점이어서 흥미 위주의 가벼운 활동으로 진행했다. 주제는 '음악 힐링'으로 정하고, 노랫말과 관련된 그림책을 읽고 나에게 의미 있는 노래를 소개하며 함께 듣는 활동으로 구성했다.

이번 학부모마실에서 소개한 그림책은 창비 노랫말 그림책 시리즈 중 『풍선』이다.

그림책 소개

'풍선'이라는 그림책의 내용을 간단히 소개하면 다음과 같다.

1986년 밴드 다섯손가락이 발표한 동명의 노래를 그림책으로 재탄생시킨 작품이다.

노랫말을 따라 어린 시절 풍선을 타고 하늘 높이 날아가던 꿈을 상상하는 화자의 이야기가 펼쳐진다. 과거의 순수하고 아름다웠던 기억을 돌아보며, 어른이 되어 잊어버린 소중한 감정들을 되새기게 한다.

시적인 노랫말과 섬세하고 따뜻한 그림이 만나 노래의 감성을 시각적으로 확장시킨 그림책이다.

활동 흐름

① 여는 의식

- 환영 인사 나누기

② 여는 질문

- 요즘 내가 자주 듣는 노래는 무엇인가요?

③ 주제 질문 및 활동

- 『풍선』 그림책 읽기
- 사연이 있는 음악 플레이리스트 만들기
- 플레이리스트에 있는 노래 중 함께 듣고 싶은 노래를 한 곡 고른다면 무엇인가요? 이 노래를 함께 듣고 싶은 이유는 무엇인가요?
- 음악 감상하기

④ 닫는 의식

- 기억에 남는 가사 이야기 나누기

활동 내용 시나리오

▶ 여는 의식(환영 인사, 토킹스틱 소개)

안녕하세요. 11월 학부모마실에 참여해주셔서 감사합니다. 오늘 학부모마실은 서클 방식으로 진행합니다. 원형으로 둘러앉아 서로의 이야기를 경청하고, 자신의 마음을 진솔하게 나누는 자리입니다.

서클의 규칙은 다음과 같습니다.

- 경청하기

- 토킹스틱을 가진 사람만 이야기하기

- 끝까지 함께하기

- 비밀 유지하기

오늘의 토킹스틱은 장난감 마이크입니다.

노랫말과 관련된 그림책을 읽고, 서로에게 의미 있는 노래를 함께 감상하는 시간을 갖습니다.

▶ 여는 질문

그럼 여는 질문부터 시작해볼까요? 요즘 내가 자주 듣는 노래는 무엇인가요? 특별히 좋아하는 가수가 있다면 소개해주셔도 좋습니다. 잠시 생각할 시간을 가진 뒤 제 오른쪽부터 돌아가며 이야기합니다.

· 활동: 토킹스틱을 돌려가며 여는 질문에 대해 이야기 나누기

▶ 주제 질문 및 활동

이제 그림책을 읽고 주제 질문을 나누겠습니다. 오늘 함께 읽을 책은 『풍선』입니다.

· 활동: 그림책 읽어주기, 교사가 직접 낭독

책을 읽으면서 떠오르는 노래가 있으셨는지요? 『풍선』은 1986년 밴드 다섯손가락의 동명 노래를 그림책으로 재탄생시킨 작품입니다. 2006년 그룹 동방신기가 리메이크한 노래로 기억하고 계실지도 모르겠어요.

노랫말은 어린 시절의 꿈과 소중한 감정을 노란 풍선에 빗대어 아름답게 표현합니다. 그림과 함께 보니 노래의 감성을 시각적으로 경험할 수 있습니다.

여러분들에게는 지난날을 떠올리게 하는 추억이 담긴 노래가 있으신가요? 이제 사연이 있는 음악 플레이리스트를 만들어보겠습니다. 활동지에 곡명, 가수, 선곡 이유를 적습니다. 5곡 모두 채우지 않아도 괜찮습니다.

· 활동: 활동지 기록하기, 참석자들이 작성하는 시간 제공

작성을 모두 마치셨을까요? 사연이 있는 음악 플레이리스트를 작성하면

서 아픈 경험이나 소중한 추억들을 회상하는 시간이 되었을 것 같아요. 이제 서로의 활동지를 옆으로 돌려 읽어봅니다.

· 활동: 서로의 활동지 돌려 읽기

다 읽으셨다면, 플레이리스트 중 함께 듣고 싶은 한 곡을 고르고 이유를 나눕니다. 잠시 생각한 후, 제 왼쪽부터 돌아가며 이야기합니다.

· 활동: 토킹스틱을 돌려가며 주제 질문에 대해 이야기 나누기

이제 여러분이 선택한 노래를 함께 감상하겠습니다.

· 활동: 함께 음악 감상하기

▶ 닫는 의식

이제 오늘 학부모마실을 정리하는 시간을 갖겠습니다. 오늘 함께 들은 노래 중 기억에 남는 가사가 있다면 돌아가며 한마디씩 나눕니다. 제 오른쪽부터 토킹스틱을 돌립니다.

· 활동: 토킹스틱을 돌려가며 이야기 나누기

이상으로 11월 학부모마실을 마칩니다. 다음 12월 학부모마실이 올해 마지막 학부모마실이 될 것 같습니다. 마지막 학부모마실까지 꼭 함께 하시길 바라며, 가시는 길 안전하게 돌아가세요.

• 서클 준비물

- 원형으로 책상과 의자 배치
- 센터피스: 화병, 서클 규칙 종이
- 토킹스틱: 장난감 마이크

  그림책:『풍선』(창비 노랫말 그림책 시리즈)

  기타: 사연이 있는 음악 플레이리스트 활동지(1인 1장) 및 필기도구, 블루투스 스피커

• 운영 팁

- 4~6명 기준 약 40분 정도 소요된다.
- 휴대전화와 학급 메신저는 잠시 꺼둔다.
- 감상할 노래 수는 전체 시간을 고려해 조절한다.
- 곡은 온전히 감상하도록 하고, 필요 시 기-승-전-결 흐름을 생각해 감상 순서를 조정한다.
- 음악 감상 시 음료나 다과를 곁들이면 좋다.

12월 학부모 신뢰서클
: 한 해를 되돌아보며

운영 목적

12월 학부모마실에서는 그림책『다른 길로 가』를 소개했다. 어른이 되어도 자신이 가고 있는 길이 맞는지 걱정, 의심, 후회, 두려움, 좌절감을 느낄 때가 많다. 그러한 감정들이 너무 커질 때는 다른 길로 가도 된다는 메시지를 담은 그림책을 통해, 올 한 해가 어떠했든 서로를 응원하자는 의미로 학부모마실을 진행했다.

그림책 소개

'다른 길로 가'라는 그림책의 내용을 간단히 소개하면 다음과 같다.

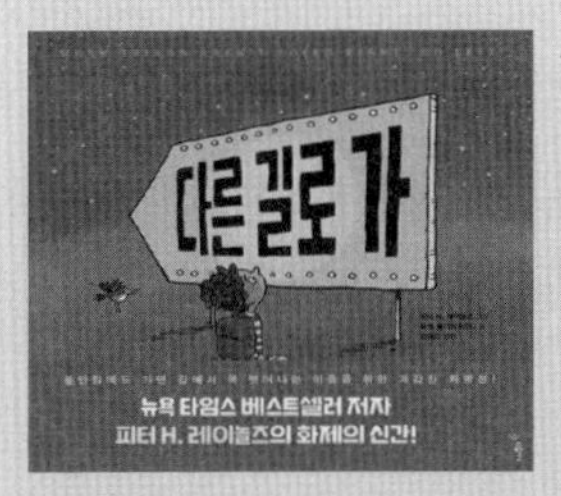

주인공 아이는 자신이 가던 길이 아닌 것 같다는 불안감에 사로잡히지만, 잠시 생각한 후 과감하게 다른 길을 선택한다.
다른 길에서도 불안, 의심, 좌절 같은 감정이 계속 밀려오지만, 아이는 이를 하나씩 떨쳐내며 괜찮다는 것을 깨닫는다.
자신이 가는 길에 대해 고민하는 누구에게나, 스스로를 믿고 나아가면 된다는 긍정적인 메시지를 전하는 그림책이다.

활동 흐름

① 여는 의식

- 환영 인사 나누기

② 여는 질문 및 활동

- 키워드로 보는 20□□년

- 나의 올 한 해는 어떤 키워드로 정리할 수 있을까요?

③ 주제 질문 및 활동

- 『다른 길로 가』 그림책 읽기

- 돌아가며 질문 뽑고 대답하기

④ 닫는 의식

- 올 한 해를 살아낸 나 자신을 칭찬하는 말하기

활동 내용 시나리오

▶ 여는 의식(환영 인사, 토킹스틱 소개)

12월 학부모마실에 참여해주셔서 감사합니다. 오늘 이 자리는 교사 대 학부모가 아닌, □□반의 한 구성원으로서 동등하게 만나는 자리입니다. 학부모마실은 □□반 친구들과 함께했던 것처럼 서클 방식으로 운영합니다. 서클은 하나의 원으로 둥글게 앉아 서로의 이야기에 경청하고 자신의 마음을 진솔하게 나누는 자리입니다.

오늘의 토킹스틱은 라탄 복조리입니다. 미리 새해 복 많이 받으시라는 축복의 의미로 준비했습니다.

▶ 여는 질문

벌써 20□□년의 마지막 달인 12월이 되었습니다. 올 한 해 우리나라에는 어떤 일들이 있었을까요? 20□□년 대한민국의 사회 이슈를 키워드로 살펴보겠습니다.

· 활동: 20□□년 대한민국 사회 이슈 키워드 살펴보기

이제 올 한 해 나에게 어떤 일들이 있었는지, 나에게 있었던 일들을 키워드로 정리해보겠습니다. 보드판에 나의 올 한 해를 나타내는 단어들을 적어주세요.

· 활동: 보드판에 나의 올 한 해를 나타내는 단어 적기

나의 올 한 해는 어떤 키워드로 정리할 수 있을까요? 제 왼쪽으로 돌아가며 나의 올 한 해를 나타내는 키워드와 선정 이유에 대해 이야기해 보겠습니다.

· 활동: 토킹스틱을 돌려가며 여는 질문에 대해 이야기 나누기

▶ 주제 질문 및 활동

다음은 그림책을 읽고 주제 질문을 나누겠습니다. 오늘 함께 읽을 책은 『다른 길로 가』입니다.

· 활동: 그림책 읽어주기, 교사가 직접 낭독

책에서는 내가 가고 있는 길이 맞는지 걱정, 의심, 후회, 두려움, 좌절감이 들 때 괜찮다고 위로해줍니다. 또한 이런 감정들이 너무 커진다면 다른 길로 가보면 된다고 담담히 이야기합니다. 올 한 해가 어떠했든 지금 걷고 있는 길을 응원하고, 다른 길을 선택한다면 그 도전과 용기 또한 응원합니다.

이제 돌아가며 질문을 뽑고 대답하는 활동을 진행합니다. 질문은 한 번만 뽑는 것이 아니라 여러 번 반복하며, 뽑았던 질문은 답변 후 다시 잘 접어서 뽑기통에 넣습니다. 같은 질문이 다시 나올 경우, 새로운 질문이 나올 때까지 반복합니다.

· 활동: 3~4회 정도 반복하여 돌아가며 질문 뽑고 대답하기

예시 질문 목록

1. 한 해 동안 갔던 장소 중 가장 인상 깊었던 곳은 어디인가요?
2. 올해 새롭게 만난 소중한 인연은 누구인가요?
3. 한 해 동안 가장 기억에 남는, 행복했던 순간은 언제인가요?
4. 한 해 동안 세상을 더 좋은 곳으로 만들기 위해 어떤 노력을 기울였나요?
5. 올해 세운 목표 중 달성한 것과 그렇지 못한 것은 무엇인가요?
6. 한 해 동안 (가정/회사) 생활 중 가장 아쉬운 일은 무엇인가요?
7. 한 해 동안 (가정/회사) 생활 중 가장 감사한 일은 무엇인가요?
8. 한 해 동안 나에게 (가족/일)은 어떤 의미를 가졌나요? 내년에는 어떤 의미를 갖게 하고 싶나요?
9. 내년에 새롭게 도전하고 싶은 일은 무엇인가요?
10. 내년에는 어떤 사람이 되고 싶나요?

▶ 닫는 의식

오늘 학부모마실을 정리하겠습니다. 올 한 해 나 자신을 칭찬하는 말을 돌아가며 이야기합니다.

· 활동: 토킹스틱을 돌려가며 이야기 나누기

학부모님들과 그림책을 읽고 이야기 나누는 시간이 즐겁고 힐링이 되었습니다. 비록 소수이지만 신뢰 있는 친밀한 관계로 만나는 학부모님들이 계셔서, 학급 운영에도 큰 도움이 되었습니다.

새해 복 많이 받으시고, 학부모님의 앞날과 학부모님들의 가정에 큰 축복이 함께하길 빕니다. 이것으로 ㅁ학년 ㅁㅁ반 학부모마실을 닫겠습니다.

• 서클 준비물

– 원형으로 책상과 의자 배치

– 센터피스: 화병, 서클 규칙 종이

– 토킹스틱: 라탄 복조리

　그림책: 『다른 길로 가』

　기타: 육각 보드판과 보드마카(1인 1개), 뽑기용 질문지와 뽑기통

• 운영 팁

– 4~6명 기준 약 40분 정도 소요된다.

– 휴대전화와 학급 메신저는 잠시 꺼둔다.

– 뽑기용 질문지는 두꺼운 종이에 출력하여 주름 접기 해둔다.

– 서클 시작과 마무리 시 스텔라장(Feat. 폴킴)의 '보통날의 기적'을 함께 들어도 좋다.

학부모 신뢰서클 운영 사진 모음 및 후기

학부모 신뢰서클 참여 소감

학부모 신뢰서클에 참여한 학부모님들은 다음과 같은 소감을 남겼다.

– "그림책을 읽고 이야기 나눌 수 있어서 좋았어요."

– "힐링할 수 있는 시간이었어요."

– "교사 및 다른 학부모와의 만남이 부담스러웠는데 편해졌어요."

– "선생님과 개인적으로 더 친해진 것 같아요."

– "2학기에도, 내년에도 이렇게 학부모마실이 이루어지나요?"

교육현장에서의 학부모-교사 관계

사실 교육현장에서 학부모와 교사가 인간 대 인간으로 편안하게 만날 수 있는 자리는 거의 없다. 대부분 교사와 학부모는 교육과정을 전달하거나 학생의 문제 행동을 상담할 때만 만나기 때문에, 긴밀히 협력해야 하는 관계임에도 불구하고 서로 멀게 느껴지기 쉽다.

학부모 신뢰서클을 정례화하여 운영하면, 학부모님들과 마음을 열고 소통하고자 하는 교사의 의지를 전달할 수 있다. 또한 참석자가 소수이더라도, 참여한 학부모님과 깊이 있는 신뢰 관계를 쌓는 것이 가능하다.

신뢰서클 운영 경험과 교사의 변화

학부모 신뢰서클 운영을 부담스러워했던 동학년 선생님들도 분기별 2회 이상 학부모마실을 함께 운영하자는 뜻을 모았다. 처음에는 학부모라는 대상이 무섭고 학부모마실이 부담스러웠지만, 실제로 경험해보니 좋은 사람과의 만남이 즐거웠다고 한다.

평화로운 학급 운영의 힘이 다수의 평범한 학생에게서 나오듯, 소수의 악성 민원을 제외하면 대부분의 평범한 학부모님들은 교사를 믿고 지지한다. 학부모 신뢰서클은 교사가 바라봐야 할 학부모가 누구인지 명확히 보여주고, 건강한 관계를 만들어가는 길을 안내한다.

4장

교육공동체의 연결과
소통을 위하여

4장은 교육공동체의 연결과 소통을 위하여 동료 선생님들에게 당부하고 싶은 말과 필자 자신의 앞으로의 계획을 이야기하였습니다. 교육공동체의 연결과 소통을 위해서는 신뢰서클을 통한 진정한 대화의 연습이 필요합니다. 또한 학생의 회복을 위해서는 교사의 회복이 우선되어야 하므로, 신뢰서클 문화는 학생과 교사 모두에게 확산되어야 합니다.

4장은 이 책을 마무리하며, 신뢰서클 문화의 확산과 회복적 생활교육의 발전을 위해 필자를 포함한 현장의 많은 선생님들께서 함께 애써주시기를 바라는 마음을 담았습니다.

교육에서 대화의 의미

진정한 대화의 의미

데이비드 봄의 『대화란 무엇인가』는 대화를 단순한 의사소통 기술이 아니라, 사람과 사람 사이의 이해와 연결을 회복하는 근본적 과정으로 바라본다. 그는 우리가 흔히 하는 대화가 사실상 토론이나 논쟁에 머물러 있으며, 옳고 그름을 가리거나 상대를 설득하려는 데 초점이 맞춰져 오히려 서로를 분리시킨다고 지적한다. 이에 반해 '진정한 대화'란 서로 다른 생각을 맞붙이는 것이 아니라, 함께 탐구하고 의미를 만들어가는 과정이다.

대화에서 중요한 태도_보류

대화에서 가장 중요한 태도는 '보류'이다. 자신의 생각과 감정을 즉각 판단하지 않고, 잠시 멈추어 관찰하는 태도다. 이렇게 할 때 우리는 내면의 반응을 인식하고, 타인의 입장에 열린 마음으로 다가갈 수 있다. 교육 현장에서 이 태도는 교사와 학생, 학생과 학생 간의 신뢰를 형성하는 핵심 기반이 된다. 신뢰서클이나 회복적 대화의 장에서 참여자들이 자신의 말을 끝까지 들어주고, 평가받지 않는 안전한 분위기를 경험할 때, 그곳에서 봄이 말한

'공유된 의미'가 생겨난다.

사고의 조건화와 대화의 학습적 의미

봄은 또한 우리의 사고가 본질적으로 조건화되어 있다고 말한다. 판단과 감정은 과거의 경험, 사회적 규범, 언어의 한계 속에서 형성되며, 이러한 무의식적 틀이 갈등을 낳는다. 교육 속의 대화는 바로 이 조건화를 자각하게 하고, 학생들이 자신의 사고방식을 성찰하도록 돕는 학습의 장이 된다. 이는 단순한 문제 해결이 아니라, 자신과 타인을 새롭게 이해하는 배움의 과정이다.

공동체를 변화시키는 대화, 신뢰서클

진정한 대화는 공동체를 변화시킨다. 학생들이 서로의 말을 경청하고 판단을 보류할 때, 교실은 '누가 옳은가'의 공간이 아니라 '우리가 함께 무엇을 이해하고 있는가'의 공간으로 변한다. 봄은 이런 순간을 '공동의 장'이라 부르며, 그곳에서 새로운 창의성과 관계의 회복이 이루어진다고 말한다.

결국 봄이 말하는 대화란 서로에게 배우려는 열린 탐구의 과정이자, 진실 안에서 서로 연결되는 일관된 소통이다. 대화를 통해 우리는 분열된 관계를 회복하고, 자신을 성찰하며, 공동의 지혜를 얻는다.

그렇다면 우리 교실에서는 학생들이 진정한 대화를 충분히 경험할 수 있을까? 개인의 행복과 공동체의 성장을 위해, 학생들은 의도적이고 교육적인 대화의 연습이 필요하다. 그 한 방법이 바로 교실에서의 신뢰서클이다.

교사가 먼저 신뢰서클을 경험해야 하는 이유

교사가 신뢰서클을 운영하기 전에, 스스로 먼저 신뢰서클을 경험해 보는 것이 매우 중요하다. 신뢰서클은 단순한 활동 구조가 아니라 서로를 진심으로 이해하려는 관계적 경험이기 때문이다. 직접 경험하지 않으면 그 깊이를 머리로만 이해하게 된다. 사과의 맛을 설명으로 아는 것과 직접 맛보는 것이 다른 것과 같다.

학생들은 교사의 말뿐 아니라 태도를 통해 더 많은 것을 배운다. 교사가 진심으로 대화를 신뢰하고 경청의 힘을 믿으면, 학생들도 그 신뢰를 느낀다. 따라서 교사가 먼저 신뢰서클을 경험하고, 들어주는 일이 얼마나 따뜻하고 치유적인지 깨닫는 것이 중요하다.

교사는 오랜 시간 질문하고 지도하는 위치에 익숙하다. 그러나 신뢰서클에서는 모두가 동등하게 원을 이루는 참여자다. 직접 참여해보면 말을 통제하지 않아도 질서가 유지될 수 있음을 깨닫고, 침묵 또한 의미 있는 표현임을 이해하게 된다. 이 경험은 교사의 권위 중심 사고에서 관계 중심 사고로의 전환을 가능하게 한다.

교사 서클 문화 확산의 필요성

교사가 신뢰서클을 경험해야 하는 이유는 학생을 위해서만이 아니다. 교사 자신도 학교라는 관계 속에서 상처와 피로를 겪는다. 신뢰서클에서 누군가의 이야기를 판단 없이 들어보고, 침묵 속에서 타인의 마음을 느끼는 경험은 교사에게 치유가 된다. 이런 경험이 교사의 내면 회복으로 이어지고, 그 회복은 자연스럽게 교실 공동체로 확장된다. 결국 교사의 회복이 곧 학생의 회복으로 연결된다.

아직 학교 현장에서 교사 신뢰서클 운영 모임은 많지 않지만, 곳곳에서 서클을 통해 대화의 위력을 경험하는 이들이 늘고 있다. 신뢰서클을 경험한 교사들이 각 학교에서 작은 공동체를 만들어간다면, 머지않아 교사 서클 문화가 확산될 것이다. 여기에 교원 복지와 전문적 학습공동체 차원의 정책적 지원이 더해진다면 변화는 더욱 빠를 것이다.

사회적 구성주의와 신뢰서클의 상호 보완

학생들이 진정한 대화를 경험하는 방법은 신뢰서클만이 아니다. 대화는 학습과 관계의 근본적 형식이며, 이는 비고츠키의 사회적 구성주의 철학과 맞닿아 있다. 비고츠키는 학습이 개인 내부에서 일어나는 것이 아니라 사회적 상호작용을 통해 구성된다고 보았다. 즉, 대화는 지식을 전달하는 수단이 아니라, 지식을 공동으로 구성하는 장이다.

사회적 구성주의에 기반한 수업-질문이 있는 교실, 하브루타, 협력학습, 토의·토론, 거꾸로 교실 등-은 모두 학생들이 서로의 생각을 탐색하고 확장하는 대화적 구조를 전제로 한다. 이러한 수업 속에서 학생들은 서로 다른 생각이 만날 때 새로운 의미가 생긴다는 것을 몸으로 배우며, 진정한 대화를 사고의 습관으로 내면화한다.

사회적 구성주의가 사고의 대화를 지향한다면, 회복적 생활교육의 신뢰서클은 관계의 대화를 가능하게 한다. 신뢰서클은 판단과 경쟁이 아닌 존중과 경청, 공감의 원칙 위에 세워진다. 그 안에서 학생들은 평가받지 않고 자신의 이야기를 안전하게 나누며, 타인의 경험을 들으며 공감적 이해를 배운다. 이 경험은 학습의 대화를 더 깊고 진정성 있게 만든다.

즉, 신뢰서클은 말하기 이전에 서로를 신뢰할 수 있는 마음의 공간을 여는 과정이다. 그 공간이 마련될 때, 학생들은 '이겨야 하는 대화'가 아닌 '함께 의미를 만드는 대화'를 시도할 수 있다.

사회적 구성주의 수업과 회복적 생활교육의 신뢰서클은 서로를 보완한다. 이 두 접근이 만날 때, 교실은 지식과 관계가 함께 성장하는 대화적 공동체가 된다. 그 안에서 학생들은 진정한 대화, 즉 함께 탐구하고 서로를 이해하며 공동의 의미를 만들어가는 인간적인 경험을 배우게 된다.

정리하자면, 학생들이 교실에서 진정한 대화를 경험하려면 사회적 구성주의 수업을 통한 사고의 대화와 신뢰서클을 통한 관계의 대화를 함께 길러야 한다.

앞으로의 여정

회복적 생활교육과 나의 선택

회복적 생활교육은 누군가의 지시에 따라 억지로 시작한 일이 아니었다. 그것은 내가 먼저 변화를 선택한 순간에서 비롯된 여정이었다. 학교폭력 사안 처리 과정에서 느꼈던 회의감, 그리고 힘든 학급을 맡으며 마주한 무력감이 나를 움직였다. 상황을 탓하기보다 다른 길을 찾아야 한다는 절실함이 회복적 생활교육으로 이끌었다.

실천 과정에서의 혼란과 성찰

하지만 막상 실천을 시작하자 회복적 생활교육은 단순한 지도 방법이 아니라 교육 철학이자 삶의 태도에 가까웠다. 그래서 구체적인 실천은 막막했고, 여러 모델과 사례를 따라 해보면서도 '이게 과연 회복적인가?' 하는 질문이 늘 따라왔다. 의욕과 혼란이 반복될 때마다 나는 다시 원점으로 돌아가 이론을 읽고, 스스로의 실천을 성찰했다.

변화된 생활교육관

그렇게 몇 해를 보내며 나의 생활교육관은 조금씩 변했다. 이제는 통제보다 관계를, 지도보다 회복을 먼저 생각하게 되었다. 물론 여전히 여유 없는 일상 속에서 교사의 판단이 앞서거나, 학생의 변화를 기다려주지 못할 때가 있다. 그러나 중요한 것은 그런 순간마다 나 자신을 돌아보고, 다시 회복의 방향으로 나아가려는 노력을 멈추지 않는다는 점이다.

회복적 생활교육은 나에게 여전히 완성되지 않은 길이다. 끊임없이 배우고 실천해야 하는, 살아 있는 교육의 과정이다. 나는 거대한 변화를 한 번에 이뤄낼 수는 없지만, 내 앞의 한 학생, 한 동료 교사와의 관계 속에서 작은 변화를 만들어갈 수 있다고 믿는다. 그 변화가 또 다른 관계를 움직이고, 파도처럼 번져 학교의 문화가 달라지는 날이 오리라 확신한다.

앞으로의 실천 과제

앞으로 실천해보고 싶은 일들도 많다. 이 책에서는 학생과 학부모를 대상으로 한 신뢰서클 운영 사례를 담았지만, 앞으로는 선생님들이 어려워하는 왕따, 뒷담화, 책임 회피, 감정 폭발형 학생 등 현실적인 문제를 중심으로 한 문제해결 서클 사례집을 만들어보고 싶다. 또 교실 속에서 실천할 수 있는 평화 감수성 프로그램, 회복적 프로젝트 학습, 교과와 연계한 회복적 수업 모델 등을 꾸준히 시도하며 기록해나갈 것이다.

함께 걸어갈 동료의 중요성

무엇보다 앞으로의 여정에서 가장 중요한 과제는 함께 걸어갈 동료를 찾는 일이다. 비를 피하지 않고, 그 비를 함께 맞으며 나아갈 동료 말이다. 이 책을 읽고 회복적 생활교육에 공감하고, 함께 실천하고 싶은 마음이 생긴 선생님이 계시다면 어디에 계시든 꼭 손을 내밀어 주시기를 바란다. 작은 연대가 모여 더 큰 변화를 만들어갈 수 있으리라 믿는다.

미래를 향한 기대

언젠가 우리가 각자의 교실에서 실천한 회복적 이야기들이 모여 또 다른 교육 실천서로 세상에 나오기를 기대한다. 그날까지 나는 오늘도 나의 교실에서 회복의 씨앗을 심는다.